外国人研修生の日本語学習動機と研修環境

文化接触を生かした
日本語習得支援に向けて

守谷智美

明石書店

はじめに

　本書は、2008年9月に提出したお茶の水女子大学人間文化創成科学研究科博士学位論文に加筆、修正を行ったものである。博士課程在学中、企業で実務研修を行う中国人研修生を対象とした日本語授業に、指導・支援を行う側として携わる機会を得たことが、この研究の出発点となっている。

　「研修生」をめぐっては、この10年で大きな社会的・制度的変化が生じている。筆者が博士論文を執筆していた2007年末の在留外国人数（当時の「外国人登録者数」）は215万2,973人で、当時としては過去最高となっていた。その中で、「研修」の在留資格者数は8万8,086人で、過去最高を更新し続ける顕著な伸びを見せており、「技能実習」はまだ「特定活動」の下位資格としての位置づけであった。しかし、2010年7月の入管法改正により、「技能実習」が独立した在留資格として創設されたことで、以後、技能実習生が圧倒的多数を占めるようになり、研修生の数は限定的となって現在に至っている。この背景には、グローバル化の加速や労働人口の不足など日本社会における多様な問題が絡み合い存在している。

　このような大きな社会的なうねりの中で、「研修生」がどのような人たちであり、日本社会において日本語習得とどのように向き合い、どのような支援を必要としているのかについては、今なお一般に知られる機会はほとんどない。本書では、日本国内の企業で実務研修を行う研修生に焦点を当て、研修という社会的文脈の中での日本語学習動機と研修環境との関連を明らかにし、研修生にとって必

要な日本語習得支援とは何かを検討する。その上で、日本社会において日本語習得を必要とする生活者に対して、日本語習得支援という観点から何ができるのかについても検討を行う一助としたい。

2019年11月

守谷智美

目　次

第1章　日本社会における外国人研修生・技能実習生 の動向と日本語習得支援

第2章　言語学習動機に関する研究動向

第3章　本研究の関連諸概念と位置づけ

第4章　【研究1】実務研修開始時における中国人研修生の日本語学習動機

第5章　【研究2】実務研修過程における中国人研修生の日本語学習動機とその生起要因
原因帰属理論を手がかりとして

第6章　【研究3】中国人研修生の日本語学習動機の
変化と研修環境の認識との関連
実務研修における日本語教育への示唆

第7章　総合的考察

序章

問題の所在と研究目的

　近年の日本国内における外国人数の増加は目覚ましい。2018年末の在留外国人数は273万1,099人となっており、前年末に比べ16万9,245人（6.6％）増加し、年々、過去最高を更新し続けている（法務省入国管理局, 2019a）。国籍別に見ると、中国、韓国、ベトナムの順で多く、特にベトナム、インドネシア、ネパール等の出身者の増加が顕著である。

　数字的な増加のみならず、滞在目的の多様化も顕著である。在留資格別に見ると、「永住者」（77万1,568人）、「留学生」（33万7,000人）に次いで「技能実習」（32万8,360人）が第3位となっており、前年比19.7％と飛躍的な伸びを見せている。この「技能実習」と「研修」（1,443人）を合わせると、日本国内において計32万9,803人（在留外国人全体の12.1％）が研修及び技能実習の活動に従事していること

がわかる。

　「研修生」「技能実習生」とは、端的に言えば、日本において技能の習得等を目的として研修・技能実習を行う人々であるが、送り出し・受け入れの状況や、日本国内でどのような機関でどのような業種に携わるのかによって日本で置かれている状況は様々である。新聞やニュースなどの報道でしばしば取り上げられるのは、母国での送り出し機関への多額の支払いやそのための借金、受け入れ先での過重労働や賃金未払い、不法滞在、失踪など、研修生・技能実習生を取り巻く状況の厳しさや劣悪さに焦点を当てたセンセーショナルな内容がほとんどである。その一方で、日本社会において研修・技能実習活動に日々黙々と取り組む人々の、研修・技能実習の場における周囲の人々との人間関係、日本滞在中のメンタルヘルスの問題、文化接触によって生じるトラブル等に対しては、これまで目を向けられる機会が限られていたのではないだろうか。

　研修生・技能実習生が日本での研修・技能実習を困難だと感じる背景には、日本語力の問題が大きく関わっていると考えられる。来日前に基礎的な日本語知識を学ぶ機会があっても、来日後の研修・技能実習の中で日本語をコミュニケーション・ツールとして使用しながら技能の習得を行うことは容易ではない。しかし、第1章でも詳しく述べるが、研修生・技能実習生の日本語教育は、入国直後の段階で集中的に行われるものの、それ以後は受け入れ企業等の判断に委ねられており、研修・実習過程において長期継続的な支援が行われるケースは数少ないのが現状である。研修・実習過程で技能等の修得が重視されればされるほど、研修生・技能実習生の日本語習得は副次的なものとみなされ、研修生・技能実習生自身に任されてしまうのである。

　このように、現行のシステムでは、研修・技能実習において長期

継続的な日本語習得を保障するための制度はない。そもそも、長期継続的な日本語習得支援の必要性を議論する前に、研修生・技能実習生が研修・技能実習過程において日本語習得とどのように向き合い、どのような日本語学習動機を持っているのかということ自体が、これまでに明らかにされていない。研修・技能実習制度自体が様々な問題を抱え、その改善のためにこれまでに度重なる見直しが行われてきたが、研修生・技能実習生を長期にわたって成長促進的に支え得る日本語習得支援のあり方は何も変わっていないのが現状である。

　以上のようなことから、本研究は、日本において1年間の予定で滞在し、実務研修を行いながら日本語を学ぶ中国人研修生を対象とし、実務研修期間中の日本語学習動機に焦点を当て、動機の特徴や時間的な変化、また、関連する諸要因について、研修という社会的文脈を考慮に入れ、解明することを目的とする。それを通して、研修生にとって必要な日本語習得支援のあり方を検討したい。

本書の構成

　本書は全7章から構成される。第1章では、日本社会における外国人研修生および技能実習生の現在までの受け入れ動向とともに、研修・技能実習における日本語の位置づけと日本語習得支援をめぐる問題について概観する。第2章では、言語学習の動機づけに関する研究を概観し、特に日本語教育領域における動機づけ研究について検討する。第3章では、本研究の関連諸概念と本研究の位置づけについて述べる。

　第4章から第6章では、日本で実務研修を行う中国人研修生を対

象とした調査の分析結果を述べる。まず、第4章では、実務研修開始時点での研修生の日本語学習動機とその生起に関わる要因を検討する（研究1）。また、第5章では、実務研修過程における日本語学習成果の原因帰属要因から、日本語学習動機の特徴とその生起・喪失に関わる要因を検討する（研究2）。さらに、第6章では、実務研修期間中の日本語学習動機の変化とその関連要因について検討する（研究3）。

　以上を踏まえ、第7章では、本研究を通して明らかとなったことに基づき、研修生の日本語学習動機と研修環境との関連に関する総合的考察を行う。その上で、研修生にとって必要な日本語習得支援のあり方を、研修という社会的文脈を考慮に入れ、文化接触の観点から検討する。

本研究を構成する諸研究

　本書は、以下の研究をもとにまとめた。

1　守谷智美（2002）「第二言語教育における動機づけの研究動向―第二言語としての日本語の動機づけ研究を焦点として―」『言語文化と日本語教育 2002年5月特集号』315-329.

2　守谷智美（2005）「研修生の日本語学習動機とその生起要因―ある中国人研修生グループの事例から―」『日本語教育』125, 106-115.（研究1, 第4章）

3　守谷智美（2004）「日本語学習の動機づけに関する探索的研究

—学習成果の原因帰属を手がかりとして—」『日本語教育』120,
73-82.（研究2, 第5章）

4　守谷智美（2008）「中国人研修生の日本語学習意欲と研修環境
の認識との関連—実務型研修における日本語教育への示唆—」『コ
ミュニティ心理学研究』11（2）, 177-193.（研究3, 第6章）

また、本研究に関連して、以下のものがある。

守谷智美（2013）「第11章　企業と研修生—共生に向けた日本語支
援の視点から—」加賀美常美代編著『多文化共生論—多様性理解
のためのヒントとレッスン—』明石書店, 246-264.

第1章

日本社会における外国人研修生・技能実習生の動向と日本語習得支援

1．研修生・技能実習生の受け入れ動向

（1）研修生・技能実習生とは

在留資格一覧表（法務省入国管理局, 2019b）によれば、「研修」は、「本邦の公私の機関により受け入れられて行う技能等の修得をする活動」と定められており、期間は最長で1年である（表1.1参照）。これは、実際に現場で技能の習得を行う実務研修を含むものと含まないものに分かれている。実務研修を含まないものは、同一作業の反復によって習得できるものではない技能習得に限定されている。また、実務研修を含むものは、国・地方公共団体の機関や独立行政法人により受け入れられるなどの公的研修として認められるものに限定される（国際研修協力機構, 2019）。国際協力機構（JICA）や海外産業人材育成協会（AOTS）等の機関が研修を担う場合、滞在費等の研修に関

15

わる諸経費の一部に国庫補助金が適用され、企業内での実務研修も認められている（海外産業人材育成協会, 2019）。

　これに対し、「技能実習」は、表1.1のように1・2・3号に分かれ、さらにそれぞれ、「イ」（企業単独型）・「ロ」（団体監理型）の2つに下位分類されている。「企業単独型」とは、日本の企業等（実習実施者）が海外の現地法人、合弁企業や取引先企業の職員を受け入れて技能実習を実施する方式である。また、「団体監理型」は、事業協同組合や商工会等の営利を目的としない団体（監理団体）が技能実習生

表1.1　「研修」および「技能実習」の在留資格（在留資格一覧表（令和元年11月現在）より抜粋、筆者作成）

在留資格			本邦において行うことができる活動	在留期間
研修			本邦の公私の機関により受け入れられて行う技能等の修得をする活動（この表の技能実習1号，留学の項に掲げる活動を除く。）	1年または6か月
技能実習	1号	イ	技能実習法上の認定を受けた技能実習計画（第一号企業単独型技能実習に係るものに限る。）に基づいて，講習を受け，及び技能等に係る業務に従事する活動	1年を越えない範囲
		ロ	技能実習法上の認定を受けた技能実習計画（第一号団体監理型技能実習に係るものに限る。）に基づいて，講習を受け，及び技能等に係る業務に従事する活動	
	2号	イ	技能実習法上の認定を受けた技能実習計画（第二号企業単独型技能実習に係るものに限る。）に基づいて技能等を要する業務に従事する活動	2年を越えない範囲
		ロ	技能実習法上の認定を受けた技能実習計画（第二号団体監理型技能実習に係るものに限る。）に基づいて技能等を要する業務に従事する活動	
	3号	イ	技能実習法上の認定を受けた技能実習計画（第三号企業単独型技能実習に係るものに限る。）に基づいて技能等を要する業務に従事する活動	2年を越えない範囲
		ロ	技能実習法上の認定を受けた技能実習計画（第三号団体監理型技能実習に係るものに限る。）に基づいて技能等を要する業務に従事する活動	

を受け入れ、傘下の企業等（実習実施者）で技能実習を実施する方式である。2017年末の技能実習生受け入れでは、団体監理型の受け入れが24万2,687人（96.4％）、企業単独型が9,034人（3.6％）となっており（厚生労働省, 2018）、団体管理型が大多数である。技能実習は、2017年に施行された「外国人の技能実習の適正な実施及び技能実習生の保護に関する法律」（技能実習法）により、1年間の「技能実習1号」の後、基準を満たせば[1]、「技能実習2号」（2・3年目）・「同3号」（4・5年目）に移行でき、最長で5年間の在留が可能となっている（法務省, 2017）。

　このように、技能の習得等を目的として来日する「研修生」および「技能実習生」は、在留期間、可能な活動内容、受け入れ形態や機関等が異なっており、それによって日本滞在中に置かれている状況も異なっていると考えられる。

（2）「研修」および「技能実習」制度創設の経緯

　日本国内において受け入れた「研修生」および「技能実習生」の数は、表1.2 のように、2010年の入管法改正の前後で大きな転換が生じている。2010年以降、「技能実習」が独立した在留資格として設置されたことで、それまで顕著な伸びを見せていた「研修」の数が減少し、以後、「技能実習」が劇的な伸びを示すようになった。このことは、現在の日本社会における研修生・技能実習生の位置づけを如実に表していると言えよう。

　もともと、「研修」および「技能実習」の制度は、国際貢献、技術移転、国際的な人材育成等を目的として創設されたという点で共通している。戦後、平和国家を目指していた日本は、外交手段の一つとして研修生としての外国人招聘を位置づけ、発展途上国に対す

表 1.2　研修生および技能実習生の在留資格者数の推移

（OTIT外国人技能実習機構（2019）および法務省入国管理局在留外国人数統計より作成）

年	2007	2008	2009	2010	2011
研修生（人）	88,086	86,826	65,209	9,343	3,388
技能実習生(人)	89,033	104,990	150,088	143,308	151,477

年	2013	2014	2015	2016	2017	2018
研修生（人）	1,501	1,427	1,521	1,379	1,460	1,443
技能実習生(人)	155,206	167,626	192,655	228,588	274,233	328,360

る協力、貢献活動として1960年代以降定着させてきた。当時、海外進出を目指す国内の大手企業は、海外拠点展開のための人材育成を目的とし、現地社員を日本に招聘し、関連技術や技能を修得させ帰国後の業務に発揮させるため、独自の受け入れを行っていた。この活動を産官共同で促進するため、政府による研修目的での外国人受け入れ体制が構築されたという（佐野，2002）。

「研修」が在留資格「留学生」の下位資格として創設されたのは1981年であるが、このことからも、研修が当時、留学生と同様、国際的な「人づくり」に主眼を置いたものであったことは明らかである。しかし、当時、日本社会の好景気を背景として日系人や外国人労働者が就労環境の厳しい産業へと流入するようになり、急増する不法就労者も含めた外国人労働者問題への対応を迫られるようになった（曙，2004）。そのため、外国人研修生の受け入れ体制についても法的な整備が進み、1990年の出入国管理及び難民認定法（以下、「入管法」）改正によって、「研修」は独立した在留資格として設置されることとなった。これによって、それまでは外国人研修生の受け入れが困難であった海外に拠点を持たない中小企業、団体等にも研修生受け入れの門戸が開かれることとなった。1991年にはその受け入れ

　を支援することを主な目的として、研修生に関わる所管官庁（当時
の法務、外務、通産、労働、建設の計5省）の共管により、財団法人
国際研修協力機構（略称JITCO）が発足した。

　さらに、1993年には在留資格「特定活動」の下位資格として「技
能実習」が設置された。在留期間が1年間と定められている「研修」
での活動の後、技能検定試験等で一定の評価を得た場合、在留資格
を「特定活動」に切り替え、雇用契約の下、技能実習への移行が制
度上認められるようになったのである。これによって、「研修」お
よび「技能実習」の制度は、本来の趣旨であるはずの国際貢献・人
材育成という意味合いが薄められ、人手不足に悩む国内の中小企業
に、安価な労働力として一定期間人材を供給するものとなっていっ
た[2]。そこでは、制度の下では認められていない残業や、賃金不払
い、人権侵害の横行などの多くの問題が生じることとなった（労働
政策研究・研修機構, 2016；外国人研修生問題ネットワーク, 2006 など）。
研修という「学び」を目的とした活動に、技能実習という「労働」
を「接ぎ木」したことがねじれの原因であるとの見方も根強い（春
原, 2008）。

　このようなことから、2010年の入管法改正では、「技能実習」を
1つの在留資格とすることで「研修」との切り分けが進められた。「研
修」での活動は、実務研修を伴わない知識の習得を目的としたもの
や国・地方公共団体等により行われる公的研修などに限定され、実
務的な活動は「技能実習1号」に移行されることとなった。これは、
労働契約の下で働くことができない研修生を人権・労働上の問題か
ら保護し、法的地位の安定化を図るための措置であるとされるが（法
務省入国管理局, 2010）、一方で、技能実習生が制度の下で「労働」
を行うことをより明確化したとも言われている。

　以上のように、研修および技能実習制度は、社会背景の変化とと

もに形を変えながら現在に至っている。既述のように、技能実習は、2017年に施行された「外国人の技能実習の適正な実施及び技能実習生の保護に関する法律」（技能実習法）により、条件さえ満たせば最長で5年間の在留が可能となっているが、これは日本社会における労働力不足による切迫感を表すものであるとも言える。現に、2017年11月からは、労働力不足が深刻な介護分野も技能実習の対象分野に含まれることとなり、受け入れ職種も徐々に拡大されている。さらに、2019年4月から新たに設置された在留資格「特定技能」では特定業種の単純労働での在留が認められることとなったが、技能実習2号を一定期間修了すれば同職種の「特定技能1号」への移行のための日本語試験が免除されるなど（法務省入国管理局, 2019c）、制度を越えた今後の新たな動きが注目されている。

2．研修・技能実習における日本語の位置づけと日本語習得支援をめぐる問題

　実務研修が含まれる研修や技能実習においては、入国直後の段階で、集合形態による講習を行うことが定められている。この講習では、研修・技能実習を実施する上での安全衛生上の留意点や日本での生活習慣等を研修生・技能実習生に学ばせることで、円滑な技能等の修得に資する知識等を提供することが目的となっているが、日本語教育も必要な知識の1つとして含まれている（法務省入国管理局, 2007）。研修や技能実習の現場では、日本語によるコミュニケーションが行われるのが通常であるため、効果的な技能等の習得を安全に行うために日本語教育を充実させる必要があるとされている。研修生・技能実習生はこうした講習の段階を経て、実務研修・技能実習

の場に入って行く。

　しかし、講習までの段階で習得した基礎的な日本語力だけで実務研修・技能実習の現場に対処することは困難である。国際研修協力機構（2010）の調査によれば、研修・技能実習の場では、研修生・技能実習生の使用言語は93％が「日本語」であり、日本語使用率が極めて高くなっている。現在のように研修・技能実習の場の多国籍化・多言語化が進み、受け入れ職種も拡大されている状況では、コミュニケーション・ツールとしての日本語への依存度はますます高まっているものと考えられる。通訳ができるような人材がいるケースもあるが、多くの場合、研修生・技能実習生は、自身の日本語力で日常的な意思の疎通を図らなければならない状況に置かれている。

　講習での日本語指導については、近年、教材開発が行われインターネットでも入手可能となるものもあるなど、指導に対する具体的な支援がなされるようになってきた。しかし、講習修了後、実務研修・技能実習に入ってからも引き続き日本語教育を行うかどうかは受け入れ機関・企業等に一任されている。国際研修協力機構（2006a）の調査では、実務研修に入ってからも継続して「日本語教育を行っている」との回答は8割に近いものの、その方法は不定期（37.5％）、週1，2回（25.7％）等であり、1回の指導時間も短く、指導は自社社員が担うなど形態も様々であった。また、「日本語教育を行っていない」と答えたケースでは、その理由として、来日直後に「第一次受入れ機関[3]で行っているため必要ない」（33.6％）、「時間的に余裕がない」（31.8％）、「日本語教育を担当できる人がいない」（22.4％）、「経済的に余裕がない」（12.1％）等が挙げられ、「研修生が日本語学習に関心を持たない」（11.2％）という回答も含まれていた。

　このように、受け入れ側の視点からは、研修・技能実習において日本語習得はあくまで副次的なものとしてみなされがちである（西尾,

2003)。また、コスト削減のため、監理団体の講習担当者、技能実習指導員、生活指導員等、日本語教育の「有資格者」ではない者が日本語指導を担うことも珍しくなく、指導に当たる側のスキル不足は今なお大きな課題となっている（国際研修協力機構, 2016）。

　研修生・技能実習生の日本語力の不十分さは、日本での滞在中多くの障壁を生む要因となりうる。前述の調査（国際研修協力機構, 2006a；2006b）でも、実務研修過程における日本語に起因する問題として、周りの日本人社員とコミュニケーションが取れない、技術移転がうまくいかない、報告・連絡・相談ができない、社内ルールが守れないなどが挙げられていた。また、日常生活上の様々なトラブルにも結びつき、同国人同士のトラブルやいじめ、日本人社員等との間でのトラブル、本人の怪我・精神面のトラブルに加え、ホームシックが極めて高い様子も示されている。研修生自身にとっても、問題が発生した際、日本語で症状や状況、心情が伝えられないことによって、不安・不満を増長させることが報告されている。

　以上のことから、研修・技能実習においては、来日直後の講習段階においてのみならず、実務研修・技能実習に入ってからも、受け入れた研修生・技能実習生を支え得る、継続した日本語習得支援が必要であることは明らかである。研修生・技能実習生は技能等の習得を目的として滞在する立場であるが、同時に日本社会における一生活者であるため、受け入れた機関にはその両面を支える責任が伴うものと考えられる。

3．研修生・技能実習生にとっての日本語習得とは

　既述のように、一部の受け入れ側には、研修生が日本語習得に意欲・関心を持たないと認識されており、そのことが日本語習得に対する指導・支援を行わない理由の1つとされていることが示された。研修生・技能実習生自身は研修・技能実習において日本語習得をどのように捉えているのだろうか。

　国際研修協力機構（2014）によれば、技能実習を終えて帰国した帰国技能実習生1,810名を対象としたフォローアップ調査の結果、対象者が来日の目的として挙げた回答の中で「日本語の習得」は53.1％と過半数であった。また、帰国後、技能実習が役立ったと考える理由としても「日本語能力の習得」が61.7％であるなど、日本語習得を技能実習における重要な目的であり成果であると捉える見方が多いことが明らかとなった。

　研修生、技能実習生を対象としたこれまでに行われた調査研究の中で、日本語習得に焦点を当てたものはそれほど多くない。佟・浅野（2001a；2001b）は、縫製業の中国人技能実習生270名に対し、研修生の日本語習得とその背景に関して調査を行った。その結果、研修生・技能実習生の多くが日本語学習意欲が高く、研修・実習過程で日本語ができないことによる困難を感じているため、「もっと日本語を集中的に研修する時間がほしい」と感じていることや、研修・実習先での日本人との交流を望んでいること、その一方で日本人との深い関係を形成するのが難しいと感じていることなどが明らかとなった。また、葛（2007）は、研修生48名を対象とした対日イメージと適応に関する縦断調査において、自由記述回答から、最も

「困っている」との回答が多く見られたのは「日本語」に関してであったと述べている。その中で、1回目の調査における「日本語が難しい、勉強に集中できない」との回答は、2回目の調査では「日本人とのコミュニケーションが取れない」に結びつくケースがあったこと、また、日本語を勉強しようとしても疲れて気力が残っていない、日本語が通じないために手順や指示がよく理解できないなどの回答が見られたことが報告されている。

　これらの調査結果からは、研修生・技能実習生にとって日本語習得は重要であり、研修成果に直結するものとみなされていることが明らかである。しかし、一方で研修・技能実習自体を「日本で稼ぐための手段」として捉えているケースがあることも事実として否定できず、日本語習得に意義を見いださないことも考えられる。また、意欲がある場合でも、長い研修・技能実習過程において、技術の習得との両立に困難を感じ、日本語学習に挫折しやすいことも指摘されている（春原, 1997）。

　研修を行う業種別にベトナム人研修生から事例を収集し検討したグェン（2013）では、インタビューを行った製造業の研修生の場合、日本語力が低い研修生は日本人従業員からの指示を把握しにくいという問題を抱えるものの、平日に日本語学習をする時間を確保できず、3年間日本に滞在しても日本語で日常会話すらできない場合があったという。一方、農業研修の場合、季節限定の作業があるため、来日直後の非実務研修（講習）を通常より短くされ、作業現場で単純な作業に終始すること、また、現場では日本語を使う必要がないため、余暇を使って日本語を学習しようという意欲も沸かないと述べていることが報告されている。

　また、馮（2013）も同様に、中国人研修生・技能実習生に対する聞き取り及び質問紙配付による調査の結果を報告している。これに

よれば、研修生・技能実習生が日本語学習に対して意欲を示さない要因として、来日前の情報量や来日目的によって日本語学習意欲に差があること、日本で研修を行う業種や現場の状況により日本語学習意欲の欠如に陥りやすいこと、周りに中国人が多いため必要性を感じないこと、3年間という限られた滞在であるため、交流意欲はなく、人間関係の希薄化を生じさせていることなどが報告されている。

　落合（2010）は、研修生を2つのタイプに大別している。1つは、家族や友人などを思うことで日本での不本意な現状を割り切ろうとする「本国志向型」であり、もう1つは、今の自分を国の家族や将来の自分への先行投資的犠牲と考え、制限の多い生活の中で熱心に日本語を習得しようとし、自分を発展させながら生きようとする「『いまここ』志向型」である。その上で、「いまここ」志向型の製造業及び食品加工業に携わる研修生・技能実習生7名（中国5名、インドネシア2名）への聞き取り調査を行い、日本語学習意欲に焦点を当てて検討を行った。その結果、研修生・技能実習生が高い日本語学習意欲を持つ理由は、①日本語を身につけておくことで日本でいざというとき異議申し立てできるというエンパワーメントのツールとして、②将来の留学や日系企業への就職など展開戦略として、③今日的技術の享受（インターネットを通した国の家族との通信等）や日本国内の遠方に住む友人の訪問、日常的な手続きの円滑化など実生活での利便性の向上のため、④現在生活している日本で有意義に過ごしたいなど趣味・心理的安息のため、の4つに集約された。一方で、日本語学習に対し特別な意欲を示さない理由は、①勉強がもともと好きではない・学校卒業後勉強の習慣が薄れている、②仮の居場所であるため経験を広げたいなどの発想が生まれにくい、③仕事や日常で忙しく不必要なことに時間を割くより休みたい、の3つであった。

以上のことから、日本滞在中に研修生・技能実習生が置かれている状況は様々であり、研修・技能実習における日本語習得への欲求の背景には、個人的要因や環境的要因が密接に関連していることが推測される。そのため、研修生・技能実習生にとっての日本語習得の意義や必要性を検討するとき、対象者の個別性とともに、環境要因も含めた対象集団特有の要因についても併せて検討することが必要であると考えられる。

　2019年6月に公布・施行された「日本語教育の推進に関する法律」においては、技能実習における日本語教育について、「国は、事業主等が技能実習生に対して日本語能力の更なる向上の機会を提供することができるよう、教材の開発その他の日本語学習に関する必要な支援を行うものとすること」という内容が盛り込まれている（文化庁, 2019）。国際貢献・人材育成の目的で受け入れが開始されたこの制度の中で、受け入れた研修生・技能実習生を支えるため、日本語習得に対しいかなる支援が必要とされているのかを検討することが、現在の大きな課題であると言えよう。これは決して、来日直後の短期間での集中的な支援のみで充足されるものではない。

注
1　技能実習1号から2号、3号に移行できる作業・職種には制限がある。また、団体監理型で第3号技能実習を行う場合は、監理団体と実習実施者が共に「優良」であるという条件を満たす必要があることなどが定められている。
2　1997年には、1年間の研修の後、2年間の技能実習が可能となり、最長3年間の在留が認められるようになった。
3　「第一次受入れ機関」とは、団体監理型で受け入れる場合の監理を行う商工会や中小企業団体を指し、第一次受入れ機関の下で主に実務研修を行う企業等を「第二次受入れ機関」、研修生を派遣する海外の機関を「送出し機関」という（法務省入国管理局, 2007）。

第2章

言語学習動機に関する研究動向

　第1章では、日本における研修生・技能実習生の受け入れ動向を概観し、実務研修における日本語習得支援の必要性について述べた。その中で、これまでに行われた調査の結果から、実務研修・技能実習の場において日本語は重要なツールとして位置づけられながらも、研修生・技能実習生には、日本語習得に対して関心を持ち意欲的に学習に取り組めるケースとそうでないケースがあることがうかがえた。つまり、ここには日本語学習に対する動機が関与している。本章では言語学習動機[1]についてのこれまでの研究動向を概観するとともに、日本語教育領域における現在までの動機に関する研究動向に関して検討を行う。

1. 言語学習における 'motivation' の定義と「環境」

（1）'motivation' とは

　言語学習を行う際、'motivation' は学習を成功に導くために必要不可欠な要因であると言われる（Oxford, 1996 ; Dörnyei, 1998）。そのため、学習者にとっても、教育的支援・指導に関わる者にとっても、見過ごすことのできないものである。また、仮に、学習過程における取り組みが周囲の期待に沿えないものであったり、学習成果が不本意なものに終わってしまったりした場合も、その要因として 'motivation' が注目されやすい。

　'motivation' とは、Dörnyei（2001a）が、「人間の行動の方向（direction）と大きさ（magnitude）を決めるもの」であり、「なぜ人がそれを行うのか（why）」「どのくらいそれを維持しようとするのか（how long）」「いかに熱心にそれを獲得しようとするのか（how hard）」を説明するものであると述べている。つまり、言語学習において、'motivation' は学習の開始段階だけではなく、学習過程から終了段階までのあらゆる段階で学習者の行動を支える概念であると言えよう。

　'motivation' という語の訳語としては、「動機」「動機づけ」「学習動機」「学習意欲」等々、これまでに様々な用語が用いられてきた。例えば、心理学の領域において、桜井（1997）は、「動機づけ」は「広い範囲で何かを達成しようとする行動」に対して使用し、「意欲」は「やる気」とほぼ同義で日常的に使用される語であり「勉強や仕事といった、どちらかと言えば知的なことを達成しようとする

行動」を指すとしている。また、最近の定義として、上渕（2019）は、動機づけ（'motivation'）を、「行動や心の活動を、開始し、方向付け、持続し、調整する、心理行動的なプロセス」であるとし、「やる気」「意欲」は日常語であるという鹿毛（2015）と同様、心理学用語ではないとしている。一方、言語学習の領域において、八島（2019）は、「動機」は行動の理由や目的を表すが、「動機づけ」は行動の理由や目的を含む更に広い範囲を指すと述べ、'motivation' の訳語としては肯定的・否定的いずれの意味合いも含まれないニュートラルな「動機づけ」が使われることが多いとしている。これに対し、小西（2006）は「動機」と「動機づけ」の区別について、「動機づけ」という訳語は教育的場面において親や教師などが意図的に学習者に対して学習に取り組むよう働きかけを行うといったニュアンスが強く、「動機」は外からの働きかけに限定せず、ことばを身につけたいという思いを抱き、それに向けて努力する学習者自身の心の動きを総合的に捉えるものであるとして、他者の意図の関与の点から区別を行っている。

　このように、'motivation' の訳語をめぐっては以前から多様な見解があり、現在でもまだ一致したわけではないようであるが、心理学領域において「動機」「動機づけ」は学術的な用語であり、「意欲」は日常的なものであるという認識はある程度一致した見方であるようである。本稿では、言語学習領域における 'motivation' を指すものとして「動機」または「動機づけ」を用い、厳密な定義や区別はここでは行わない。その上で、専門的な見解を表すのではなく、学習者側の視点で見るなど、より日常的な意味で使用する場合は「学習意欲」を使用する。また、先行研究で用いられた用語の表記に関してはそれに従う。

（2）言語学習動機と環境

　言語学習動機は、環境と深く関わるものであるとされる。Dörnyei & Ushioda（2011）は、言語学習動機に対し文脈的に影響を与えているものとして、課題や教材のデザイン、評価活動など指導に関する文脈の特徴とともに、教師や仲間、学校、家族などの社会文化的な影響の2つを挙げている。また、長沼（2003）は、言語学習における動機づけを考える際、社会的文脈との結びつきに留意すべきであり、その際、言語環境と学習環境の2つを考慮する必要があると述べている。言語環境とは、学習者が自分の母語が使用されている環境下で学習するのか、あるいは目標言語が使用されている環境下で学習するのかということである。一方、学習環境とは、どのような環境の中で学習するのかということである。ここには、教室での授業や学習内容などの物質的環境、教師や仲間などの人的環境とともに、言語学習の際に形式的な指導（formal instruction）を受けるのか、あるいは、自然習得的な環境で習得が行われるのかも含まれるという。

　さらに、中田・八島・木村（2003）は、動機を捉える際、「文脈」と「時間」の2つの概念が重要であるとしている。「文脈」とは、動機を捉える際の側面の視点であり、その視点を教室内の実践に置くのか、教室と社会との相互関係に置くのか、教室という枠を超え民族言語的状況や社会環境に置くのかという視座であるという。また、「時間」とは、動機を定点的・微視的に捉えるのか、横断的に見るのか、あるいは通時的に観察するのかという視座であるとしている。

　このように、言語学習動機は環境からの影響を強く受けるものと考えられ、その関連性を明らかにしようとすることによって言語学習の動機づけ研究が進展してきたと言えよう。以下では、環境との

関連に焦点を当て、時間的な視座も念頭に置きながら、言語学習動機に関する研究を概観する。

2．英語学習を中心とした言語学習動機の研究動向

（1）初期の研究——Gardner らを中心として

　言語学習動機の最も初期の研究は Gardner らを中心に行われた。Gardner らの研究は、カナダの英語・フランス語の二言語併用地域において、一方のコミュニティに属する学習者が別のコミュニティの言語を学習する際、目標とする言語やその言語を使用するコミュニティへの態度が言語の習熟に有意に働くことを示すことが主な目的であった。

　Gardner らの一連の研究では、質問紙調査が行われ、得られた結果が概念化され、修正が繰り返されたが、そこでは統合的動機（integrative motivation）の重要性に焦点が当てられた。統合的動機は、目標言語コミュニティに対する肯定的な感情のために第二言語を学ぶ動機であると定義されている（Garner, 1985: 82-3）。すなわち、目標言語コミュニティに対して統合的に動機づけられた個人は第二言語学習自体に動機づけられ、目標言語コミュニティとの一体化を希望し、学習環境を肯定的に評価し、学習に取り組む傾向にあると考えられた（Gardner, 2001）。

　このような Gardner らの研究は一定の評価を得たが、同時に複数の問題点も指摘された。例えば、一連の調査環境における社会環境の区別の曖昧さである（Oxford & Shearin, 1994）。Gardner らの

研究のように、二言語併用地域において第二言語として目標言語を学ぶ学習者を対象として行われた調査の結果やそこで開発・使用された尺度が、他地域で外国語として言語学習を行う場合にも同様に当てはまるとは言えない。そこには、目標言語が学習者の社会においてどのように位置づけられているのかという民族言語的バイタリティー（ethnolinguistic vitality）も関わる（八島, 2019）。また、動機を「原因」、言語学習の習熟を「結果」とみなすことの是非（Strong, 1984 ; Au, 1988 など）、'integrative' という語の使い方の曖昧さ・複雑さから誤解を招く可能性（Dörnyei,1994 ; 2009）なども指摘された。さらには、「統合的」な動機に対し、よりよい仕事や給料を得ることや大学入学などの実用目的で言語を学習する「道具的」な動機（instrumental motivation）（Gardner & Lambert,1972）を言語の習熟との関わりの中でどのように扱うのかについても、Gardner らの主張とは異なる見解が見られた（Au, 1988 ; Lukmani, 1972 ; Chihara & Oller,1978）。

　現在では、学習者が動機づけられる過程は循環するものであり（Dörnyei & Ottó,1998）、何が原因で何がその結果であるのかに関しては言えないことや（Ellis,1994）、言語学習動機を統合的・道具的の二分法で捉えるのではなく、社会環境に適した尺度開発を行い、対象者集団特有の動機を見いだす必要性があること（Clément & Kruidenier, 1983）など、言語学習動機に関わる研究が進む中で多くの見解が共有されてきている。このような意味においても、Gardner らの研究は、言語学習動機に関わる研究の基礎を築いたと言えよう。

（2）言語学習動機に関する研究の転換期──Crookes & Schmidt の研究

　Gardner らが行った社会心理学的アプローチによる研究の功績は大きかったが、日々言語教育実践の場で学習者と向き合い、学習者をいかに動機づけるかに強い関心を持つ教師たちのニーズとは乖離したものであった。多くの研究結果が蓄積されても、それらを教育場面でそのまま応用できないためである。このような状況の中で、教育場面に焦点を当てた言語学習の動機づけに関する研究が求められるようになった。その契機となったのが、Crookes & Schmidt (1991) である。

　Crookes らは、それまで主流であった社会心理学的な視点にとどまらず、心理学等の近接領域から広く多様な知見を取り入れ、教育実践者にとって有効な研究が必要であると述べた。その上で、言語学習特有の動機づけの研究の枠組みとして、(1) ミクロレベル、(2) 教室レベル、(3) シラバス／カリキュラムレベル、(4) 教室外及び長期的学習レベルの 4 つを提示し、アクション・リサーチや内省なども取り入れた観察的手法等によって研究を発展させていくことが必要であるとの提言を行った。

　このような Crookes らによる主張は、多くの研究者に影響を与え、研究の方向性についての議論が喚起された（Dörnyei,1994; Gardner & Tremblay, 1994a; 1994b; Oxford, 1994; Oxford & Shearin, 1994)。これは、以後、言語学習動機の研究の拡張へと結びついていった。

（3）教育場面における言語学習の動機づけの研究——
Dörnyei を中心として

　こうした流れの中で、教育場面での動機づけの研究に着手したの
は Dörnyei である。Dörnyei は、心理学の知見を取り入れ、言語
学習の際に特有の動機づけの構成要素の整理を行い、多くの研究を
通して言語学習の動機づけの理論的枠組みを拡張していった。

　Dörnyei（1994）は、教育的な観点から言語学習の動機づけの概
念化を行い、教育場面における動機づけの構成要素を、「言語レベ
ル」「学習者レベル」「学習場面レベル」の３つに分類した。「言語
レベル」は、文化や社会、実用的価値や利益など、統合的動機づ
け・道具的動機づけに関わる要素から構成される。「学習者レベル」
は、達成ニーズや自信から構成され、言語使用不安や自己効力感な
ども含まれる。「学習場面レベル」は、教育場面特有の動機づけに
関わるもので、授業への興味や個人的な満足感などの授業特有の動
機づけ要素、教師への親しみや指導方法などの教師特有の動機づけ
要素、目標志向性やクラスにおける集団の結束性などの集団特有の
動機づけ要素から構成される。このような整理を通して、Dörnyei
は心理学の概念や観点を言語学習に結びつけようと試みた（Dörnyei
& Ushioda, 2011）。

　これらの概念をもとに、Dörnyei & Csizér（1998）は、ハンガリー
の英語教師 200 名を対象に、言語学習に必要だと考えられる 53 の
動機づけのストラテジーについて、重要性と使用頻度の２つの観点
から評価を求めた。その上で、教室場面での動機づけの指導実践の
過程を「動機づけの基礎的な環境の創造」「学習開始時の動機づけ
の喚起」「動機づけの維持と保護」「肯定的な追観自己評価の促進」

の4つのプロセスに分け、それぞれの過程で基本となる動機づけのための 35 の具体的なストラテジーにまとめた（Dörnyei, 2001b;ドルニェイ, 2005）。各ストラテジーは、例えば、「教室に楽しく支持的な雰囲気を作る」のような主要ストラテジーとともに、それを実践するために「間違いを恐れずにやることを勧める」のような複数の具体的な下位項目から構成されている。このような Dörnyei の研究の背景には、言語学習動機は時間の経過とともに変化する動的なものであり、働きかけによる変化を見ていこうとする「過程志向アプローチ（process-oriented approach）」（Dörnyei & Ottó, 1998）の考え方がある。

　このように、Dörnyei の研究は、教育場面に目を向け、「どのようにして学習者を動機づけるのか」という観点から、言語学習の継続を促進するような人的・物的・空間的要因の整理を行い、指導実践に結びつけようとしたことが特徴的である。これは、Gardner らを中心とした社会心理学的な研究の流れから大きくシフトしたものであるが、Gardner らの研究の知見と切り離そうとするものではなく、むしろ理論的枠組みを拡張していこうとするものであった。

（4）言語学習動機に関する研究の拡張

　このような経緯を経て、英語を中心とした言語学習動機に関する研究は、研究の関心が多様化し拡張されている。Dörnyei らによって心理学等の近接領域から積極的に理論が取り込まれてきたことも関与している。

　量的研究では、調査地域・規模の拡大が進み、対象者（集団）の属する社会環境に特有の事情を反映した動機の解明を目的とした研究が行われるようになった。例えば、Inbar, Donitsa-Schmidt &

Shohamy（2001）は、イスラエルの中学生1,690名を対象とし、政治的・宗教的に複雑な背景から、ヘブライ語話者にとっては学習動機が低いとされるアラビア語を必修科目として学ぶことが、アラブの言語文化を学ぶ動機とどう関わっているかを明らかにするための調査を行った。また、Schmidt & Watanabe（2001）は、ハワイ大学で日本語、中国語、タガログ語、フランス語、スペイン語の各言語を学ぶ計2,089名を対象にした調査を行い、どの言語学習者にも共通の言語学習動機の因子とともに、継承語としての学習動機の因子もあることを見いだし、言語学習動機と学習ストラテジーの使用やクラス活動の好みとの間に関連性があることなどを明らかにした。さらに、言語学習動機と学習者集団の好む学習スタイルや学習ストラテジーなどとの関連も注目されるようになった（Reid, 1998; Ehrman, 1998; Oxford, 1990 など）。これらの研究は、ある社会集団の持つ特性・傾向を明らかにし、教室での指導・実践に活用していくことを目指したものであると言えよう。

　ただ、Dörnyei & Ushioda（2011）は、量的手法によってある社会集団の傾向を把握しようとする研究の抱えるリスクとして、その文化や社会集団に対するステレオタイプを生む可能性があることもまた指摘している。その上で、言語学習動機を時間の経過とともに変化する動的（dynamic）なものとして捉える必要性を述べ、質的研究の可能性を強調している。

　質的手法による言語学習動機の研究としては、まず、原因帰属理論（第3章参照）を用いて行われた Williams らの研究がある。Williams & Burden（1999）は、イギリスでフランス語を学習する 10－15歳を対象とし、学習における成功・失敗の原因を何に帰属させるのかをインタビューによって調査した。その結果、成功の帰属は教師による賞賛や点数、成績など外的要因によって判断され

やすいこと、また、年齢が上がるにつれ帰属の幅が広がることが明らかとなった。特に、帰属要因として言語学習環境や周囲のサポートなどが挙げられたことで、これらの環境要因を意識しながら学習が行われていることが示された。また、Williams, Burden & Al-Baharna（2001）は、バーレーンで英語を学習する高校生25名とその教師29名を対象に半構造化インタビューによる調査を行い、グラウンデッド・セオリーによる分析の結果、学習者が学習の失敗に対して多様な内的帰属を行っていることや、教師と学習者との成功・失敗の帰属の仕方は異なっていることを明らかにした。

　一方、Ushioda もまた、帰属理論を枠組みとして質的研究を行っている。Ushioda は一連の研究において、学習過程における言語学習動機の時間的な変化を解明しようと試みた（Ushioda, 1996；1997；1998；2001 など）。アイルランドの大学でフランス語を履修した学生 20 名を対象とし、約 1 年半の期間をおいて 2 回のインタビュー調査を実施した結果、学習者は自身の学習成果を環境などの幅広い要因に帰属させていることや、学習過程における経験を肯定的に捉えることで自身を励ましながら学習を続けていることが明らかとなった。

　このような効果的な動機づけの思考は、学習者の自律と密接に結びついており、自律への欲求は内発的動機と関連すると Ushioda は言う。内発的動機づけとは、活動自体への興味・関心から学習を行う場合の動機づけであり、興味を満たしたり達成感を得たりすることを目的に行動を行う状態である。逆に、外的報酬を得ることが目的で行動する場合の動機づけを外発的動機づけという。この 2 つの概念は二項対立的に捉えられがちであるが、現在ではそれらは連続線上で捉えることができると考えられている。Deci & Ryan（1985）は、有機的統合理論（organismic integration theory）において、自

分のことを自分で決められるという自己決定性が高まれば高まるほど、外発的な動機づけが内発的に近づいていき、段階を追って自律的な動機づけへと変化することを述べている。Ushioda の一連の研究では、このような考え方に基づき、内発的動機づけが鍵概念となっている。

　Ushioda（2009）はまた、言語学習の動機づけ研究における学習者と環境との関わりについて、言語学習の動機づけの解明には「社会的文脈の中の存在としての人間」（person-in-context）という観点が重要であると述べている。文脈（context）は、既存の変動しない独立した背景変数として人の外側に存在するものであるが、実は、人と文脈は動的かつ複雑で非直線的な相互に関わり合う関係であると捉えるべきであるというのである。換言すれば、人と環境とは複雑に関わり合いながら時間とともに変化していくものであり、そのような変化や関わり合いを考慮に入れなければ、多様な背景を持った学習者がそれぞれ持つ言語学習動機とその変化を捉えることはできないということであろう。

　さらに、Ushioda（2009）は、Markus & Nurius（1986）の可能自己（possible selves）の概念を挙げ、第二言語に関わる活動やアイデンティティとともにこの可能自己という概念が言語学習の動機づけの理解に結びつくものであるとしている。Markus らによれば、可能自己とは、「なるかもしれない自分」「なりたい自分」「なることを恐れている自分」という将来の自己指針となるものである。これは Dörnyei（2005）が提唱した「L2動機づけ自己システム」（L2 Motivational Self System）とも結びついている。L2動機づけ自己システムは、それまでの動機づけの理論を統合する形でまとめ上げられたものであり、自分が将来どうなりたいかという「理想L2自己」（'Ideal L2 self'）、可能性のある否定的な結果を避け、本来のあ

るべき姿であろうとする「義務L2 自己」（'Ought-to L2 Self'）、学習環境や学習体験に直接的に結びついている「L2 学習体験」（'L2 Learning Experience'）の3つの要素から構成される[2]。このうち、「理想L2 自己」と「義務L2 自己」が「可能自己」とも重なる概念である。これは、動機づけがこのような現在の自分と将来の自分との間の食い違いに対する不快さを縮小するために生じるのだという Higgins (1987) の Self-Discrepancy Theory の考え方に基づくものである。

　以上のように、言語学習動機の研究は、質的研究手法を用いることで量的手法では測定・把握が困難な個々の学習者に焦点を当てることが可能となり、心理学等の領域から多様な理論的枠組みを取り入れたことにより新たな関心が生まれ、発展を遂げてきた。これによって、現在まで豊かな研究成果が蓄積されてきていると言えよう。

3．日本語学習動機の研究動向

　英語を中心とした言語学習動機の研究は以上のような経緯を辿ってきたが、日本語教育領域において言語学習動機の研究が見られるようになったのは 1990 年代以降のことである。これは、英語を中心とした言語学習動機の研究の関心が教室場面へとシフトした時期とほぼ一致する。

　当時、日本国内においては、1983年の「留学生10万人計画」や、1990年の改正入管法の施行などにより、日本国内への外国人の流入・定住化が進み、それによって留学生・就学生、ビジネス・ピープル、家族、技術研修生、帰国者等、社会生活のツールとして日本語学習を必要とする人々が増加していた。このような学習者背景・学習目的・ニーズ等の多様化の中で、学習者の日本語学習のニーズや学習

に関わる情意面への理解の必要性から、日本語学習動機に関心が集まるようになったことは自然なことであろう。

　また、海外においては、当時の日本の経済力を背景として、大学をはじめとした教育諸機関で外国語としての日本語教育を実施するところが徐々に増加し、日本政府もまた日本語の普及に注力していた。それは高等教育のみならず、中等教育等にも拡大されようとしていた。そのような時期にあって、実際に現地で教育・指導に当たる教師の間では、学習者がなぜ日本語を学習しようとするのかを社会環境も考慮に入れて把握することに関心が集まり、それらを生かした指導のあり方への検討が求められていた。このようなことから、多くの地域において日本語教育領域における言語学習動機の研究が行われるようになっていったものと考えられる。

　以下では、日本語学習が行われる社会環境など、社会的文脈の観点を考慮し、言語社会に関わる研究と教育場面における研究に分けて検討を行う。その上で、日本語学習動機の解明に関して今後求められる、残された研究課題を提示する。

（1）教育場面を焦点とした日本語学習の動機づけの研究

　日本語教育の領域において、教育場面での言語学習動機を扱った研究はそれほど多くない。これらの研究は、ある教室活動を取り入れることが学習者の日本語学習動機にどのように関わるのかを検討したものであり、その目的は、日本語授業において、学習者の動機を高めるための効果的な指導法を探ることである。

　初期の研究には、プロジェクトワークと学習意欲の関連を扱った倉八の一連の研究がある。倉八（1993）は、日本の大学で学ぶ日本語中級レベルの留学生16名を対象に、プロジェクトワークと話

す、書くなどの諸技能との関連について調査した。その結果、学習者によるプロジェクトワークの評価は相対的に高く、特に話す技術や発音で意欲が高まっていることが示された。また、倉八（1994）は、プロジェクトワークと新聞記事の理解力及び発表力について調査を行った。その結果、プロジェクトワークによって理解力・発表力だけでなく学習意欲が高まり、特に道具的動機が高い学習者の理解力が高まり、統合的動機が高い学習者やプロジェクトワークへの期待感が高い学習者に肯定的に評価されることが示された。さらに、倉八（1996）は、日本の大学で学ぶ成人上級日本語学習者計75名に対するスピーチ指導において、学習者にディスカッションやコメントのようなフィードバックを与えることの効果を検討した。その結果、ディスカッションやコメントは話者の不安の軽減や動機づけを高めることに有効であることが示された。

　また、三矢（2000）は、ドイツの日本語主専攻及び非専攻の大学生31名を対象に、教室活動と動機づけとの関連を検討した。学習者から見て能動的（active）あるいは受動的（passive）だと考えられる教室活動計10種類について「楽しさ」と「必要性」という2点から評価を求めた結果、「楽しさ」において active な活動が高く評価され、「楽しさ」と「必要性」の間に有意な相関が見られたことから、学習者の学習動機を維持・向上していく上で、このような能動性が重要な要素であることが示された。

　さらに、来嶋・鈴木（2003）は、独習型読書支援システムを開発し、効果的な利用を目的とした方策（学習レポートの提出、読後座談会への参加）を活動として取り入れ、国内の大学院在学中の日本語中上級レベルの留学生13名に対し、その効果を探った。その結果、2つの活動によって学習量が増加し、日本語力の向上と新しい知識の獲得という学習成果が得られた。また、Keller（1983）の ARCS動機

づけモデル[3]に照らして活動を評価したところ、2つの活動のうち、特にディスカッションを取り入れたことで動機づけが強化・拡大されたことが示唆された。

このように、教室活動と日本語学習動機との関連を探った研究には、他にも、例えばドイツと日本との間での遠隔のタンデム学習を続けたドイツ人日本語学習者の動機の変容を扱った脇坂（2013）や、内発的動機づけを高めることを目的とした授業実践を報告した藤田（2015）などがある。いずれも効果的な教育・指導を行いたいと考える指導者・指導者の共通の関心を示したものであると言えよう。

（2）社会環境を焦点とした日本語学習動機の研究

ある社会環境において「なぜ日本語を学ぶのか」を明らかにしようとする研究は、これまでに国内外の多くの地域において行われてきた。それらは、その社会環境特有の日本語学習動機を明らかにした上で、成績や学習継続との関連を検討したものが多い。

まず、初期の研究としては、縫部・狩野・伊藤（1995）がある。ニュージーランドの大学生の日本語学習動機を明らかにするため、日本語主専攻の大学生107名を対象として質問紙調査が行われた。その結果、「統合的志向」をはじめとする6因子が抽出され、来日経験があるほうがないほうと比べて「統合的志向」が高く、学習期間が長いほうが短い場合と比べて「統合的志向」「道具的志向」とも高いことが明らかとなった。また、成田（1998）はタイの大学で日本語を主専攻とする大学生44名を対象に、日本語学習動機と成績との関連を明らかにするため、質問紙による調査を行った。その結果、「統合的志向」の強い学習者のほうが成績が高く、「利益享受志向」「誘発的志向」の強い学習者は成績が低いという結果を得た。

　これらの結果を受け、郭・大北（2001）は、シンガポール華人大学生の日本語学習の動機づけと、動機づけが日本語学習に及ぼす影響を明らかにするため、日本語科の大学生125名を対象とした調査を行った。その結果、統合的・道具的動機づけのほかに、「エリート主義」が認められ、この「エリート主義」や「道具的動機づけ」が学習者の成績に関連していることが明らかとなった。これは、上述の縫部他（1995）や成田（1998）とは異なる結果であり、シンガポール特有の社会環境を反映したものとされている。同様に、郭・全（2006）は中国人大学生の日本語学習の動機づけとともに、動機づけの日本語学習成果への影響を探るため、中国の大学で日本語を主専攻とする大学生200名を対象とした調査を行った。その結果、抽出された6因子のうち、道具的動機づけに分類される「仕事因子」が日本語学習の成績を予測する因子であることが明らかとなった。これは、中国への日本企業の進出や日本語の経済的価値の向上により、日本語ができる若者の需要が拡大されているという中国事情を反映するものであり、対象者が日系企業が多く進出する中国の東北部出身者を多く含むことと関連する可能性があると結論づけている。

　このように、海外での日本語学習動機に関わる研究は、「なぜ、このような社会環境において学習者は日本語学習を選択するのか」という疑問を出発点として行われている。インターネットによる情報入手が以前に比べて格段に容易となった現在においても、日本語母語話者と頻繁かつ直接的な接触がない、日本語を外国語として学ぶJFL環境においては、日本語学習を継続していくのはそれほど容易なことではない。そのため、学習者が「なぜ日本語を学ぶのか」とともに、学習継続のために教育実践を通して「どのような指導・支援ができるのか」が共通の課題であるからであろう。海外における日本語学習動機の研究は徐々に調査地域が拡大されてきて

おり、例えば、ウクライナの大学生を対象とした調査（大西, 2010）、台湾の日本語主専攻・非専攻の大学生の日本語学習動機と継続ストラテジーの関連性を検討した研究（楊, 2011）、ロシア極東地域における大学生の日本語学習動機の尺度を開発した一連の研究（竹口他, 2015）などがあり、各地域の日本語学習者が抱える状況を解明している。

　一方、日本国内における日本語学習動機の調査は、海外における調査に比べて限定的である。高岸（2000）は、日本に短期留学中の米国人留学生を対象に、日本語学習動機がどのように変化するかを探るため、来日直後・留学修了時・帰国後に調査を行った。その結果、留学経験により日本語学習動機が強化され、動機の種類にも様々な変化が見られることが明らかとなった。また、李（2003）は、韓国で日本語を外国語として学ぶ JFL 環境・日本国内で日本語を学ぶ JSL 環境のそれぞれの環境下における韓国人日本語学習者の動機づけの比較を行った。その結果、JFL 学習者のほうが日本語学習の動機づけが高いが、JSL 学習者のほうが自己評定が高く、その背景には来日経験が関与していることが明らかとなったことから、韓国国内での日本語学習の際、動機づけに関わる自己効力感を高める必要があると述べている。これらは、日本での留学経験が動機づけとして意義があことを示したものであると言えよう。

　以上のように、ある社会環境における日本語学習動機の解明を目指した研究は、日本語学習者が置かれた状況により多様であるものの、いずれもその背景には、研究により得た知見を学習者理解や効果的な指導・実践に結びつけていこうとする教育者の視点が共通している。

（3）質的手法による日本語学習動機の研究の可能性

　日本語教育領域において動機に関する研究が蓄積される中で、日本語学習者の個々に焦点を当て、質的研究手法によって量的研究手法では解明が困難な側面を明らかにしようとした研究も徐々に見られるようになった。これにより、日本語学習者個々への関心とともに学習者支援に対しても意識が向けられるようになっていった。

　最も初期の研究としては、文野（1999）がある。大学の中国人留学生1名を対象とした半年間のインタビュー記録を通して、学習者の動機づけには学習環境要因の中で友人の存在が重要であり、しかも友人に負けたくないというライバル意識が日本語学習動機と強く関連する可能性が示された。

　飯塚（2005）は、日本語学校で学ぶ留学生3名を対象とし、質問紙及び自由記述、インタビューを用いた縦断的調査から、日本語学習の動機づけとネットワークの関係を明らかにしようと試みた。その結果、クラスメートや周囲の日本人、同国人の先輩との関係が肯定的な動機づけに影響を与えている可能性が示された。また、飯塚（2006）は日本語学校の留学生8名を対象とした調査において、アルバイトや一時帰国、住居の問題等が日本語学習の動機づけと関連する可能性を示唆している。

　一方、大学生の日本語学習動機に焦点を当てた羅（2005）は、学習動機を捉えるためには「社会的文脈」「他者の存在」と「自己形成」という3つの視点が不可欠であるとし、この3つのすべてを分析対象に含めるライフストーリー・インタビューを調査手法として、台湾の大学で日本語を主専攻とする学習者1名の日本語学習歴や自分の日本語学習動機の変化に関わる語りを記述・分析した。その結果、

対象者の学習動機には学習者自身による自己と自己を取り巻く社会的文脈の認識が強く関わっていることが示された。

　このように、日本語学習動機を質的手法によって解明しようとする研究は近年徐々に増加している。例えば、日本語学校に通う中国人就学生14名とその教師11名を対象とし、学習動機の変化の過程を修正版グラウンデッド・セオリー・アプローチ（M-GTA）により分析した中井（2009）や、Motivational Self System の観点から日本の大学で学ぶ非漢字圏日本語学習者4名の漢字学習に関する動機づけについてライフストーリー・インタビューを用いて明らかにしたBuasaengham・義永（2015）などが見られる。

　このような研究に加え、異文化接触と言語学習動機の関連に焦点を当てた研究も見られるようになった。小林（2014）は、日本で進学・就職予定の中国人大学生・大学院生11名を対象とし、日本における異文化接触が、青年期という発達文脈の中で日本語学習動機にどのように影響を与えるのかを M-GTA によって分析した。その結果、日本での在学経験の中での異文化接触を通して、日中2つの社会でキャリアを築くために日本語を学ぶという将来像と結びついた日本語学習動機が見いだされた。このような異文化接触という観点を考慮に入れた研究も今後、蓄積が必要とされるだろう。

　以上のように、日本語学習動機に関する研究は、英語をはじめとする第二言語学習動機の進展を反映しながらこれまで蓄積がなされてきた。ただ、これまでの調査研究の対象者は大学や日本語学校で学ぶ留学生が大部分を占めている。現在のように日本社会において生活する人々の増加・多様化が進む中で、まだ調査によって明らかにされていない外国人就労者、研修生・技能実習生など、日本語を第二言語として学び、使用しながら生きる多様な生活者にとっての日本語学習の位置づけや日本語学習動機の解明も求められている。

対象者にとって日本語学習はどのような意味を持ち、それによって
何を獲得していくのか、それらはどのような要因と関連するのか等
を、言語学習動機のこれまでの研究を踏まえ時間と文脈の観点から
解明していくことが、必要とされる支援の検討を行う上でも重要な
手がかりとなるだろう。

注

1　本研究では、母語以外の言語を学習することの総称として「言語学習」
　　と表記するが、特に外国語あるいは第二言語の区別が必要な場合はそ
　　れに従う。また、先行研究において例えば「L2 language learning」の
　　ような場合、「第二言語学習」と表記する。
2　これらにはまだ定訳がなく、日本語訳に関しては研究者によって様々
　　であるため、筆者訳とともに英語表記を併記した。
3　Keller（1983）の ARCS モデルでは、Attention（興味、関心）、
　　Relevance（自己との関連性）、Confidence（自信）、Satisfaction（満足）
　　の 4 つの要因を授業設計過程に取り込むことで、動機づけを高めるこ
　　とができるとされる（来嶋・鈴木, 2003 ; Dörnyei & Ushioda, 2011）。

第3章

本研究の関連諸概念と位置づけ

　第2章では、英語を中心とした言語学習の動機づけの研究の発展とともに、日本語教育領域における動機づけの研究について述べ、日本語学習動機の解明に向けた新たな課題について提示した。本章では、本研究において重要な理論的枠組みの1つである原因帰属理論について概観する。また、多様な人々の支援を行う上で重要なコミュニティ心理学の定義や基本理念について述べ、コミュニティ心理学的アプローチを取り入れた異文化間支援に関する研究を概観した上で、本研究の位置づけについて述べたい。

1. 原因帰属理論（Attribution Theory）

　原因帰属理論（または帰属理論）とは、端的に言えば、人々が自分自身の成功と失敗をどのように説明するか（新井, 1995: 99）を指すものである。Heider（1958）は、その原因が行為者の内的なものか、

あるいは外的なものかという概念を提示し、のちに Weiner（1979）
はこれを整理し、教育場面における成功、失敗の帰属を解明するた
めの 3 つの次元として、（1）原因の所在（その原因が学習者の内的な
ものか、外的なものか）、（2）安定性（その原因が時間的に変化し得る
ものか）、（3）統制の可能性（意志的なコントロールが可能かどうか）
を提示した。その上で、過去の経験をどう認知し、成功または失敗
の原因を何に帰属させるかが次の行動に影響するとした（Weiner,
1992）。

　学習場面における成功・失敗の帰属要因としては、自身の能力や
課題の困難さ、努力、運などがある。成功を自身の「能力」のよう
な内的・安定的で統制可能なものに帰属したり、失敗を「運」のよ
うな外的で不安定で統制不可能なものに帰属したりすることで、次
回の学習における成功に結びつく可能性があり、動機づけも維持さ
れると考えられている。

　言語学習の領域において、例えば Dörnyei（2001a）は、教室に
おける学習では、動機づけはある学習活動の開始時だけでなく活動
の過程や活動終了段階においても重要であり、特に学習を振り返る
段階で自らの経験をどのように分析するのかが、その学習者が次に
どのような課題の追求に動機づけられるのかを決定すると述べてい
る。また、Oxford & Shearin（1996）も、原因帰属はその人（学習者）
の行動と関わるため、人があることの原因をどのように捉えている
かを知ることがその人の行動を理解するのに役立つとともに、それ
が学習者を動機づける上でも、教師の役割として重要であるとして
いる。このようなことから、言語学習動機に関する研究の中で原因
帰属理論を取り入れたものとして、第 2 章でも述べた Williams ら
や Ushioda による一連の研究が見られる（Williams, Burden & Al-
Baharna, 2001; Ushioda, 2001 など）。これらの原因帰属は文化によっ

ても影響を受けると言われ、例えばアジアの学生はヨーロッパの学生と比べて自分の失敗を能力のなさや努力の欠如のような内的要因に帰属させる傾向があるとも言われている（Williams, Burden & Al-Baharna, 2001）。

　日本語教育領域において原因帰属を扱った研究として、まず、異文化間接触の観点から行われた加賀美の一連の研究がある（加賀美, 1997；加賀美・大渕, 2004；加賀美, 2007a；加賀美, 2019）。加賀美（1997）は、大学・日本語学校等の日本人教師93名と学生164名を対象とし、4つの刺激文からその状況の原因を選択させるという方法で原因帰属様式を分析したところ、葛藤が生じている際には両者が互いに相手に原因を帰属させていることが明らかとなった。また、加賀美・大渕（2004）は、日本人教師84名と中国人学生24名、韓国人学生154名を対象に、日本語教育場面での教師と学生との間の葛藤に関する原因帰属と解決方略について質問紙による調査を行った。その結果、外国人学生の葛藤反応と日本人教師の認識にはずれがあり、このような教師側の期待と学生側の反応との相違によって葛藤解決が遅れる可能性を明らかにした。

　また、黄（2010；2013）は、中国人日本語学校生の抱く被差別感の原因帰属について検討を行っている。このうち、黄（2010）は、中国人日本語学校生27名の自由記述式回答から、アルバイト先での被差別感の内容とその要因の原因帰属について検討した結果、対象者はアルバイト先の上司からの被差別感を感じることが最も多く、被差別感の内容によって多様な原因帰属様式が見られるとともに、日本人の友人がいる対象者は過度な一般化はしない傾向があることを明らかにした。また、黄（2013）は、中国人日本語学校生133名を対象者に、シナリオを用いた質問紙による調査を行った。その結果、原因帰属の様相から、中国人と日本人の相互関係が友好的でな

いと認識しており、日本人の友人が少ない場合、アルバイト先での処遇に強い被差別感を持っていることなどが示され、アルバイト先での被差別感をなくすためにはより多くの日本人の友人や日本人との友好的関係が重要であることが見いだされた。

　このほかに、中国人就学生に日本語を教える日本語教師の葛藤と原因帰属を扱った中井（2011）など、日本語学習に関わる原因帰属を扱った研究は徐々に見られるようになった。ただ、原因帰属様式は社会環境や学習者背景により影響を受け、多様な様相を示すものであると考えられる。そのため、他とは異なる特徴を詳細に記述することが、その学習者に対する理解の手がかりとなると考えられ、今後、帰属理論を取り入れたより多くの研究が求められている。

2．コミュニティ心理学と異文化間支援

　近年の日本社会における定住外国人の急増と多様化の現状は、受け入れに伴う問題の多様化・複雑化をも意味し、原因の解明・対策の検討など新たな課題が生じている。このような状況の中、これらの人々に対する支援を具体的にどのように行うかは重要な課題であり、言語習得に関わる支援も必要不可欠な支援の１つであると位置づけられる。ここでは、困難を抱える人々への支援として実践的展開がなされるコミュニティ心理学の中でも、特に日本社会における異文化間支援に関する研究の動向とその意義を概観したい。

（1）コミュニティ心理学の基本概念およびアプローチ

　コミュニティ心理学の定義や基本概念は様々であり（植村・高畠・

箕口・原・久田, 2006)、研究者の関心や専門領域によってバリエーションが見られる。人々の持つ多様性を重視するのが異文化間支援の基本姿勢であると考えるが、それにより近い形で言及されたものには以下のようなものがある。まず、山本（1986）は、「コミュニティ心理学とは、様々な異なる身体的・心理的・社会的・文化的条件を持つ人々が、だれも切りすてられることなく、共に生きることを模索する中で、人と環境の適合性を最大にするための基礎知識と方略に関して、実際におこる様々な心理的社会的問題の解決に具体的に参加しながら研究を進める心理学である」と述べている。また、Duffy & Wong（1996）は、「集団や組織（と個人）に影響を与える社会問題や社会制度等」に焦点を合わせ、「影響を受けたコミュニティ・メンバーとのコラボレーション（協働）の中で作り出される革新的で交互的な介入を用いて、コミュニティや個人の幸福をできるだけ完全にすること」であると述べている。

　このようなコミュニティ心理学において主要とされる理念には、以下の10点がある（植村他, 2006；日本コミュニティ心理学会, 2007など）。それらは、1）人と環境の適合を図ること、2）社会的文脈の中の存在としての人間（person-in-context）という視点、3）人が本来持っている強さとコンピテンス（有能性）を重視すること、4）エンパワメント（力の獲得）という考え方、5）治療よりも予防を重視すること、6）人の多様性を尊重する姿勢、7）代替物を選択できること、8）人々がコミュニティ感覚をもつこと、9）他の学問や研究者・実践家とのコラボレーション（協働）、10）社会変革を目指すことである。

　1）「人と環境の適合」とは、人を変えようとしたり、環境に人を一方的に「適応」させようとしたりするのではなく、その人を取り巻く環境（物理的・社会的・文化的・人的）に働きかけ、それを変えることによって、人と環境の「適合（fit）」を重視するという考え

方である。言語学習動機における研究でも環境は重要な関連を持つと考えられるため、人と環境の両方から問題の解決を図ろうとするこの考え方は重要である。

　また、2)「社会的文脈の中の存在としての人間」とは、「文脈内存在人間」とも訳され、「すべての行動が、その人が置かれている文脈との相互作用の中で生起する」（日本コミュニティ心理学会, 2007）と考える「生態学的視座」と関わる。すなわち、家族・学校や職場・地域社会・社会制度など、人は入れ籠状の社会システムの中に位置する存在であり、人の行動をそのような視点から把握・理解した上で問題解決のための適切な対処を行うことが重要であるということを意味する。これは、第2章でも述べたように、Ushioda (2009) でも言語学習動機の解明に関わる重要な概念の一つとして言及されている。

　さらに、3)「強さと有能感」は、人間の弱さと問題点を治療・修復する医学モデルによる臨床心理学的な考え方ではなく、人の持つ強い部分、健康な部分に働きかけることでコンピテンス（有能性）を発揮・向上させるという成長発達モデルの考え方である。4)「エンパワメント」は、何らかの理由でパワーの欠如状態にある個人や集団やコミュニティが、自らの生活にコントロール感を見いだすことで力を獲得するプロセスやその力自体を指し、自己効力感もその目安の一つである。5)「治療よりも予防」は、コミュニティ心理学に特徴的な考え方で、問題が起こってから対処するのではなく、起こる前に介入することで問題の発生を未然に防ぐというものである。6)「多様性の尊重」は、人は異なっているという権利を持っており、異なっていることが劣っていることを意味するのではなく、差別や偏見の対象とならないことを保障するものであることを意味する。7)「代替物の選択」とは、伝統的なサービスの代わりの選択肢を意味し、

従来のものではなく、特定の個人や集団に適したサービスを提供できる選択肢を開発したり、サービスへのアクセスをしやすくしたりすることである。8)「コミュニティ感覚」とは、そこに属する人々が、自分たちのコミュニティであるとの意識を持つことである。9)「協働」とは、ある領域の専門家一人で解決するのではなく、様々な領域・立場の人が共に問題の解決を行うことを意味する。最後に 10) の「社会変革」とは、少しでも生きやすく、住みやすい社会に変えていこうとすることである。

　以上のようなコミュニティ心理学の考え方は、異文化間支援の際にも重要かつ不可欠である。箕口（2001a）は、日本社会においては難民、中国帰国者、外国人花嫁などの「定住者」や外国人・日系人労働者、留学生・就学生、技術研修生などの「長期滞在者」が増加しているにもかかわらず、彼らは依然として圧倒的マイノリティであるがゆえ、社会生活上・文化適応上の様々な問題を抱えていると述べる。そのことが受け入れ社会との葛藤を生み、メンタルヘルスにも影響を及ぼすため、物質的・教育的・心理的援助が必要であり、このような外国人滞在者たちといかに共生していくかという問題は、受け入れ側にとっても極めて重要かつ現実的な問題でもあると指摘している。

　このように、外国人に対する支援を考える際、多様性を尊重しながら、個人と環境の双方に働きかけ、その交互作用を促し、その人本来の強さを引き出しながら支援していくようなコミュニティ心理学のアプローチが有効であると考えられる。

（2）コミュニティ心理学的アプローチによる異文化間支援に関する研究

　以上のようなコミュニティ心理学的の基本理念に基づいて行われた日本社会における異文化間支援に関する研究は、現在まで徐々に蓄積されてきている。その対象は、日本国内で学ぶ留学生、中国帰国者、日本語教師、日系の子どもたちなどである。

①　留学生支援に関する研究

　まず、留学生を対象とした研究では、留学生の特質や抱えている問題がどのようなものであるのかを明らかにし、問題解決のために必要な対策を検討し実践することに主眼が置かれている。留学生の特質について、高松・白土（1997）は、1）援助ネットワークを持っていない、2）言語的意思疎通が難しい、3）日本文化の文脈を読めない、4）自尊心の低下、の4点を挙げている。自尊心の低下については、加賀美・岡野（2002）でも、留学生は異文化接触によって自分の価値観が軽視されたり否定されたりすることで個人の内面のゆれを経験している可能性が高いこと、そのような心理状態の中で受け入れ国の人々と良好な対人関係を作り、自分自身の精神衛生を維持しながら、学習・研究などの目的を達成しなければならないことで高い心理的負荷を抱えていることが指摘されている。

　このような留学生が実際に抱える問題について、加賀美（1998）は、留学生宿舎における相談内容の分類結果から、経済的問題・住居問題・日本語学習・研究関連・進路相談・在留関連・情報提供・健康・心理・対人関係・トラブル相談があると述べている。加賀美（2007b）は、留学生の精神衛生に影響を及ぼす要因として、1）留学に伴う

社会的・経済的地位の低下、2）留学した国の言葉の不自由さ、3）家族からの別離、4）受け入れ国・人の友好的態度の欠如、5）同文化圏の人々との接触ができないこと、6）留学に先立つ心的外傷体験／持続したストレス、7）ライフ・サイクル上の問題の7点を挙げ、これらに加えて、カルチャー・ショックなどの異文化接触要因もあることや、これらの要因が複合的に作用する可能性も指摘している。

　このような問題の解決方法として、「危機介入」と「予防」が挙げられる。「危機介入」に関して、加賀美（2007c）は、援助資源の査定や留学生自身の自己解決能力の見極めを挙げ、受け入れ社会や集団に赴き、専門家・非専門家との連携を図りながら支援体制を作る必要性を述べている。また、加賀美・岡野（2002）は「教育的援助者」の役割に言及している。教育的援助者とは、「危機介入に際しカウンセラー、教師という役割にこだわらず、心のケアに積極的・教育的（成長促進的）に関わる援助者」のことである。このような従来の社会的枠組みを超えた援助のあり方を見いだし対処していくことが、コミュニティ心理学の特徴であると言える。

　一方、危機に至らないための「予防」は、教育と並んで重視される。加賀美（2007d）は、お茶の水女子大学における実践例から、予防的アプローチとして、1）オリエンテーションの実施、2）留学生の居場所作り、3）交流グループや自助グループの組織化とネットワーク作り、4）予防的集団面談や集団リラクゼーションの実施などを挙げている。また、教育的アプローチとして、5）異文化間交流促進目的の教育的介入・交流実践活動、6）講義等を通しての心理教育啓発活動、7）チューター、ピア・サポーター等、留学生を支援する非専門家への教育活動、8）地域社会への外国人理解と偏見低減のためのプログラムを挙げている。5）の「教育的介入」とは、「一時的に不可避な異文化接触体験を設定することで組織と個

人を刺激し、学生の意識の変容を試みる行為」（加賀美，2001）である。この教育的介入における「教育」とは、目的を持って意図的になされるコミュニケーションで対象者に働きかけを行うことであり、「介入」とは、望ましくない状況にならないよう早期に予防し、対象者に働きかけを行うことを指す（加賀美，2006a）。教育的アプローチによる実際の活動としては、日本人学生対象の授業において、留学生理解を目的としたインタビュー課題を盛り込んだ事例（加賀美，1999）や、地域の日本人との接触機会となるような企画・授業（加賀美，2001）があり、留学生だけではなく留学生に関わる人々もともに学ぶ必要性を述べている（加賀美，2006a）。このように、教育的アプローチでは、実際に援助を必要とする留学生のみに働きかけるのではなく、留学生が属するコミュニティ全体に働きかけ、日本人・留学生が協働で行える活動をデザインすることが重要な鍵となる。

　以上のように、留学生を対象としたコミュニティ心理学的アプローチによる支援は、問題の特徴を見極め、社会的文脈に即した検討を行い、実践に結びつけることを目的として行われる。それはキャンパス内に限らず、加賀美・箕口（1997）のように、留学生宿舎の相談の場でも展開されていることも特徴的である。

②　中国帰国者への支援に関する研究

　中国帰国者は、戦後の混乱期を経験し、中国文化の中で育ち、日本語は話せず、祖国を知らないという背景を持つゆえ、日本への「帰国」も実際には「移民」である（丹羽・箕口，1999）と言われる。帰国者への援助は、孤児・配偶者・二世などに対する援助が必要であり、しかも三者は定住後の適応にも異なる様相を示すことから、それぞれに必要な援助を検討し実施することが必要である（箕口，

2001b）。このような特質を持つ中国帰国者に対する支援における問題点としては、生活面や教育面での公的支援体制は整っているものの、援助を受けられる時期が帰国当初に偏っており、帰国者がコミュニティの中で真に定着・自立していくための長期的・総合的な支援体制が不足していること、心理・精神保健面での援助体制が乏しいこと、それが帰国者を受け入れる側の人々にとっても同様に深刻な問題となっていることであるという。

　このような状況から、箕口（2001a；2007）は、「中国帰国者の適応・定着過程と、その過程で生じる不適応現象、およびその関連諸要因の追究とともに、適応障害の現象と予防に必要な援助様式や援助組織を明らかにすること」を目的とし、アクション・リサーチを取り入れることで被調査者への援助的還元が同時に行われるよう、中国帰国者定着促進センターをキーステーションとした援助活動の一環としての実践・研究を行った。コミュニティ心理学的アプローチによる支援として行われたのは、以下の5点である（箕口．1997；2001a；2007）。第1に、生活指導・日本語指導に関わる職員へのコンサルテーションを取り入れ、問題の解決が効果的に行われるよう、経過を見守るという形で協力したことである。第2に、日本語教師を含む帰国者を援助する人々への啓発・教育活動を行ったことである。第3に、日本語学習などに起因する危機への介入である。第4に、支援ネットワーク作りであり、心理臨床家が直接介入できないときの救急受け入れ態勢作りなどを進め、また、情報ネットワークを通した支援システム構築のための触媒的役割を果たしたことである。第5に、研究データに基づく介入を行い、研究成果のフィードバックを行うことによって成果や提言の内容が反映され、改善案が実施されたことである。

　このように、箕口が行った実践・研究は、問題を抱えた当事者へ

の直接的支援ではなく、定着促進センターに対する支援という間接
的支援に重点を置いたものである。これは、コミュニティ心理学の
実践において重要な「黒子性」を重視したものであり、帰国者にとっ
ても、帰国者に直接接する職員をはじめとする人々にとってもエン
パワーに繋がるよう実践的な研究支援が行われたことが特徴的であ
る。

③　その他の外国人を対象とした支援に関する研究

　コミュニティ心理学的な視点から異文化間支援を視野に入れた研
究には次のようなものがある。まず、加賀美（2003）は、日本語教
師を対象に、日本語教育場面における問題、その原因だと思われる
こと、解決行動、事例に関わっている時の感情について自由記述
形式の調査を行い、収集された43事例の分析を行った。その結果、
日本社会における外国人日本語学習者との間で日本語教師に生じた
葛藤は8つのカテゴリーから成り、その原因は学生個人や文化など
に帰属すること、また、解決行動として対話・説得などの多様な方
略が用いられ、その過程で否定的な感情が生じていることが明らか
となった。その対策として個人・教師集団および文化集団・コミュ
ニティの各レベルが連携した問題解決のための介入方法を検討して
いくべきであることが述べられている。

　近年では、日系ブラジル人中学生のソーシャルサポートに焦点を
当てた岡村（2011）、日系ブラジル人3世・4世のエスニックアイ
デンティティに関して、自己認識と自己認識に影響を与えた体験と
の関連を検討した田中（2018）など、コミュニティ心理学的視点を
取り入れた研究が徐々に見られるようになってきた。

（3）コミュニティ心理学と日本語教育との接点

　以上のような日本社会で生活する人々に対する異文化間支援に関する研究において、支援の対象となる被援助者は、同時に日本語学習者であることも少なくない。これまで、日本語教育領域においては、学習者の理解と効果的な学習・実践活動のあり方が検討されてきた。しかし、生活者としての外国人学習者が急増し背景が多様化する中で、日本語教育の面からもいかに日本語を必要としている人々を支援していけるかについて、今後、さらに研究を重ねていく必要がある。コミュニティ心理学の考え方を取り入れることで、エンパワメントとしての日本語やそのための支援が可能になると考えられる。

3．本研究の位置づけ

　以上のようなことを踏まえ、本研究では、日本国内の企業において1年間の予定で滞在し、実務研修を行う中国人研修生を対象とし、実務研修期間中の日本語学習動機に焦点を当て、動機の特徴や時間的な変化と関連諸要因について、研修という社会的文脈を考慮に入れ、研修生自身の認識の観点から明らかにする。その上で、実務研修過程における研修生を対象とした日本語習得に対していかなる支援が必要であるのかを検討する。

　第1章でも述べたように、本研究における調査を実施した2001年から2004年にかけては研修生が年々増加の一途を辿っていた時期であり、特に中国出身者が圧倒的多数を占めていた。しかし、そのような中で、研修生に対する長期継続的な日本語習得支援は行わ

れておらず、その理由の１つとして、研修生の日本語学習に対する
関心や意欲の欠如が挙げられていた。そのため、研修生がどのよう
な日本語学習動機を持ち、研修期間中にわたってそれをどう変化さ
せるのかを解明することが必要であると考えた。

　また、同じ「研修生」であっても、日本での受け入れ機関や業種
などそれぞれの研修環境によって置かれている状況は多様であり、
日本語学習をどう位置付け、どのように学習を行っていくのかに関
しては、対象者の個別性とともに社会的要因も関わる可能性がある
ことが、第１章における文献研究から示された。そのため、ある研
修生のコミュニティに焦点を当て、各研修生が日本語学習をどのよ
うに捉え、学習とどう向き合っているのかを、個別性も考慮に入れ
ながら検討する必要があると考えた。

　さらに、第２章において、日本国内における日本語学習動機に関
する研究は、その多くが大学や日本語学校に通う留学生を対象とし
たものであり、それ以外の、日本社会で生活する日本語習得を必要
とした多様な人々を対象としたものは見られないことが示された。
そのため、留学生以外を対象とした日本語学習動機の解明にも意義
があると考えた。

　以上のことを解明するため、本研究では、質的研究手法を用いた
調査分析を行う。対象者の言語学習動機を社会的文脈や時間的な変化
とともに個別性も考慮に入れて捉えるには、対象者に焦点化した縦
断的なデータ採取を行うことが必要であり、質的手法を用いること
が最も適していると判断したためである。

　実際、実務研修過程において研修生を対象とした長期継続的な日
本語習得支援が行われるケースはこれまでほとんどなかった。また、
日本語教育を専門とする者がそこでの支援に深く関与できることは
数少ない事例の１つであると言えよう。本研究において、調査実施

者である筆者の役割は、日本語教育の専門性を生かし、実務研修過程における研修生のニーズを把握し、日本語授業をデザインし、実際に授業を行う授業実施者であるとともに、各研修生を日本語習得の面から支える支援者でもあると認識していた。そのため、研修生の実務研修開始から修了までの過程において、日本語学習の意義づけや目標、研修過程における各研修生の状況を共有し、学習を振り返り、次なる目標設定を共に行うとともに、クラスの内外でも多くの交流機会を持つなど、日本語習得の面から研修生を支えるコミュニティの一員として関わることとなった。

　このような立場で実施した本研究の結果に基づき、実務研修過程における研修生にとって必要な日本語習得支援とは何かを検討するが、その際、第3章で述べたコミュニティ心理学的観点を取り入れることを試みた。これまでのところ、コミュニティ心理学的観点を取り入れた異文化間支援に関わる研究において、外国人研修生を対象としたものは見当たらない。そのため、研修という社会的文脈を考慮し、研修生を社会的文脈の中に存在する人間として捉えた上で、日本語習得の面からどのような支援ができるのかを検討したい。

【研究1】
実務研修開始時における中国人研修生の日本語学習動機

第1章から第3章までは、研修生の日本語教育支援の現状と問題点、および言語学習動機の研究状況とその関連諸概念について概観するため、文献研究を行った。それらを背景として、第4章から第6章までは、日本で実務研修を行う研修生を対象者とした調査研究の結果について述べる。

1. 研究目的

第1章ですでに述べたように、日本の企業・機関等で行われる実務研修の過程において、日本語はコミュニケーション・ツールとして不可欠である。しかし、研修における日本語教育は来日直後の非実務的な研修の段階において実施が義務づけられているものの、実務研修開始以降の日本語習得支援は、実施するかどうかを含めて受け入れ企業・機関の判断に委ねられている。そのため、積極的かつ

有効な支援が実施されているとは言えず、その理由として、時間的・経済的余裕のなさ等とともに、研修生の日本語学習に対する無関心さが挙げられている（国際研修協力機構, 2006b）。

　しかしながら、「研修生」といっても、日本での実務研修中に置かれている状況は様々であると考えられ、日本語学習に対する関心や意欲もまた多様であることが先行研究から推測される。実際に実務研修中の研修生がどのような日本語学習動機を持って研修を開始しているのかを明らかにした調査研究はこれまでに見られない。

　そこで、本章では、実務研修開始時点で研修生が日本語習得をどのようなものとして位置づけ、どのような日本語学習動機を持っているのか、またその生起に関わる要因はどのようなものであるのかを、質的手法を用いて明らかにすることを目的とする。

2．調査の概要

（1）調査対象となったフィールド

　本研究において調査対象となった IT 関連企業X社の日本語クラスは、X社が第1期生として2000年に受け入れた中国人研修生からの要望に応える形で開設されたものである。X社では、将来的に中国の提携企業との間で業務を行う際のブリッジ・パーソンとしての役割を担う人材の育成を目的として、Y社・Z社からの研修生を受け入れている。そのため、実務研修中のみならず、研修終了後も両国の企業の間での関係を維持・発展させるための重要なコミュニケーション・ツールとして日本語を位置づけており、実務研修期間中にわたって研修生に対する積極的な日本語習得支援を行っている。

　この日本語クラスへの参加は義務・強制ではなく、実務研修開始時に、研修生の生活指導担当であるW氏と各研修生が個別でクラス参加への意志確認を行うなど、研修生個人の参加意志が尊重されている。クラスへの参加率は高く、これまでに社内通訳者としての経験もある研修生1名以外の全員がこのクラスに参加し、時期によって変動はあるものの常時約10–20名でクラスが構成されている。クラス開始時の各研修生の日本語レベルは中級程度[1]が中心であるが、これは来日前の日本語学習経験と大きく関わり、日本語によるコミュニケーションレベルが初級後半程度の者や、母国の大学でも日本語学習経験がある上級レベルの者が含まれている時期もある。

　このクラスは、実務研修期間中にわたって通常週2回程度、各回3時間程度授業が実施される、定期的・長期継続的なものである。時期によって授業時間や頻度が必要に応じて変更され、X社から委嘱された日本語教育を専門とする日本語教師1名（本調査者）がその指導に当たっている。クラスは実務研修のスケジュールに合わせて運営されており、学習内容も、実務研修の状況や研修生の来日・帰国の時期、また、日本語能力試験受験のための準備などの研修生のニーズが反映された形で決定される。

（2）調査対象者及び調査時期

　本研究における調査対象者は、2001年6月から2003年7月までにX社で受け入れられ、研修を行った、中国の提携企業Y社・Z社からの中国人研修生41名（男性23名、女性18名）である。対象者全員がIT技術を専門とし、技術・管理方法などの修得を目的とした1年間の実務を伴う研修を行う予定である。年齢は20代半ばから30代前半であり、全員が中国の大学を卒業している。

研修生は、来日直後から約6週間、海外人材受け入れ支援機関において日本語学習・生活習慣等の理解を含めた講習を受ける。その後、X社の配属された研修の場において、技能修得のための実務研修を行う。

（3）調査方法及び分析方法

　本調査は、実務研修開始時、日本語クラスへの参加を希望する研修生に対し、日本語レベルチェックの目的で行ったインタビューの際に併せて行われた。1対1の形式で、使用言語は日本語であったが、意志の伝達が困難な場合中国語の使用も認めたところ、部分的な中国語使用が見られた。

　インタビューは、予め用意しておいた質問に答えてもらう構造化された形式で行われたが、インタビュー後、付加したいことがある場合は自由に話す時間を設け、その際にインタビュー実施者側からも不明な点についての確認のための質問を行った。所要時間は1人当たり20分程度である。

　本調査に関連する質問項目は、来日研修の経緯を引き出すことを目的とした「1．日本にとても行きたいと思いましたか」（以下、「来日の経緯」）、来日研修への参加目的を問う「2．何のために日本へ来ましたか」（以下、「来日研修への参加の目的」）、日本語学習動機を問う「3．なぜ日本語を勉強したいですか」（以下、「日本語学習動機」）、日本語学習目標を問う「4．日本語でどんなことができるようになりたいですか」（以下、「日本語学習目標」）であった[2]。

　インタビュー内容は対象者の許可を得て録音され、これを文字化した上でデータとして使用した。抽出されたデータの整理に当たってはKJ法を援用し、分類を行った。KJ法は、自由記述やイン

タビューなどから得たデータを既成概念にとらわれることなく分類し、カテゴリーを生成し、検討するのに有効な方法である（川喜田．1967）。本研究もこの手順に従い、まず、抽出されたデータを、言及された内容の本質に基づいて単位化し、カード化して、見出しをつけた。その際、１つの言及の中に２つ以上の意味内容が含まれる場合はそれぞれ１単位とみなし、別のカードに記した。その後、内容の類似性・関連性によりカード間の相互の親近性を見いだし、グループ化したうえで「表札」をつけた。類似したものが見つからない場合は、無理にグループ化することは避けた。 さらに、よりまとまった観点から要因を整理し検討するため、グループ化したものを上位カテゴリーで整理することを試みた。

3．結果と考察

（1）来日の経緯

　対象者である中国人研修生に来日の経緯について尋ねた結果、以下の３つのケースが見られた。まず、「会社・上司から勧められ、自分で／家族と相談して決めた」のような「自己決定的来日」が22名（53%）と全体の過半数を占めた。また、「（日本へは）以前からとても行きたかった」のように、自分の希望が実現した形で来日した「自発的来日」が15名（37%）であった。両者を合計すると、本調査対象者の９割が来日前に自らの意志をもって来日を決め、研修に参加していることが明らかとなった。しかし、その他の４名（10%）は、送り出し側である所属企業からの指示を受けて来日したと答え、来日研修に対する自発性・自己決定性が見られない「非

自己決定的来日」であることが示された。

（2）来日研修への参加目的

　次に、来日研修の参加目的について尋ねたところ、表4.1 のように計 72 例が見られた。それらは、「日本語を身につけたいから」という「日本語の習得」が 26 例、「日本の進んだ技術や知識を身につけたい」という「専門知識の獲得」が 25 例と同程度に多く見られ、この双方に言及した対象者は全体の４割以上であった。このことは、来日研修において、研修生にとって日本語の習得が専門知識の獲得と並ぶ重要な研修対象として認識されていることを示している。これらに次いで、日本そのものに関心があるからという「日本への関心」７例、「外国での生活を体験してみたかった」、あるいは「外国語をその国で学び、身につけたかった」という「外国での生活体験・外国語習得体験」５例、「日本人と日本語で話せるよう

表 4.1 来日の経緯及び研修の目的（N=41, 複数回答）

来日の経緯　　　　　来日の目的	自発的来日（N＝15）	自己決定的来日（N＝22）	非自己決定的来日（N＝4）	計
日本語の習得	11	14	1	26
専門的知識の獲得	9	13	3	25
日本への関心	3	3	1	7
外国での生活体験	2	3	1	6
日本人との交流	3	0	0	3
視野の拡張	2	0	0	2
外国語習得体験	0	1	0	1
研修体験	1	0	0	1
その他	1	0	0	1
計	32	34	6	72

になりたいから」という「日本人との交流」2例、「研修そのもの
を経験したいから」という「研修体験」、アニメなど日本の大衆文
化に関心があるからという「その他」各1例であった。

　これらの来日研修への参加の目的を上述の3つの来日の経緯別に
検討したところ、「自発的来日」「自己決定的来日」の場合、「日本
語の習得」への言及が「専門知識の獲得」を上回っていたが、「非
自己決定的来日」の場合は「専門知識の獲得」への言及にほぼ限定
され、日本語習得をはじめとするそれ以外の事柄への関心は示され
なかった。このことから、来日研修への参加意志の有無が、来日研
修における目的意識とともに日本語習得の意義づけに関連している
可能性が示唆された。

（3）日本語学習動機

　本調査の結果、対象者である中国人研修生の実務研修開始時の語
りから抽出された日本語学習動機は表4.2 のように計 64 例であり、
それらは業務に直接関わる「業務関連動機」と、業務とは直接関連
のない「一般的動機」の2つに大別された。業務関連動機は6カテ
ゴリー 44 例、一般的動機は5カテゴリー20 例であった。

　まず、業務関連動機は、【業務上の高度な日本語運用力獲得願望】
（以下、「運用力獲得」）が 22 例と最も多く、ここには、「将来、日本
語で書類作成やシステム開発ができるようになりたい」のような言
及が含まれる。次に、「仕事で日本語が必要だから」のような【業
務上の必要性】が 11 例であった。これは、【運用力獲得】とは学
習動機の内発性の点で対照的である。【運用力獲得】は「日本語が
使えるようになりたい」という学習者自身の内発性の高い動機であ
るが、【業務上の必要性】の場合は、会社が日本の企業と合同で仕

表 4.2 来日の経緯及び日本語学習動機（N ＝ 41, 複数回答あり）

内　訳	自発的来日 (N＝15)	自己決定的来日 (N＝22)	非自己決定的来日 (N＝4)	計
【業務上の高度な日本語運用力獲得願望】 例）将来、日本語で書類作成やシステム開発ができるようになりたい	7	15	0	22
【業務上の必要性】 例）業務上日本語が必要だから	0	8	3	11
【専門性の向上】 例）専門知識・技術の勉強のため	2	4	0	6
【他者との比較】 例）日本語が下手だと恥ずかしいから	2	0	0	2
【送り出し企業による指示】 例）会社に指示されたから	0	0	2	2
【指導者としての責任】 例）よい日本語学習方法を伝えたいから	0	1	0	1
計	11	28	5	44
【日本語学習への興味】 例）日本語に興味があるから	4	4	0	8
【日本語による日本人との交流願望】 例）日本人ともっと友達になりたいから	3	2	0	5
【個人的関心・趣味】 例）日本語で日本のアニメがわかるようになりたいから	1	1	1	3
【教養の獲得】 例）自分の知識を増やすため	1	1	0	2
【外国語習得願望】 例）外国語を習得したいから	0	2	0	2
計	9	10	1	20
計				64

（左欄：上段〔業務関連動機〕、下段〔一般的動機〕）

事をしているため日本語が必要だという状況的必要性によるものであり、内発性は見られない。しかも、この動機の中には、「必要なので学習せざるを得ない」のような消極的意図を持つものも含まれている。 これは、Ely（1986）の指摘した、「必要動機（requirement motivation)」[3]に当たるものであると考えられる。

　この他に、日本語を学習することで、将来的に「専門知識や技術を学びたい」という【専門性の向上】（6例）、「（業務を行う上で）日本語が下手だと恥ずかしいから」という【他者との比較】（2例）、「自分の会社に来日研修への参加を促されたから」のような【送り出し企業による指示】が各2例見られ、部下に「よい日本語学習方法を伝えたいから」自らがまず学習経験を得るためという【指導者としての責任】が1例と続いた。このうち、【送り出し企業による指示】は【業務上の必要性】よりもさらに消極的で内発性の低い動機であると言える。また、【他者との比較】は、研修生の送り出し企業における日本語の位置づけや日本との関係性をより顕著に示すものである。

　一方、一般的動機は、「日本語に興味があるから」という【日本語（学習）への興味】（8例）、「日本人ともっと友達になりたいから」という【日本語による日本人との交流願望】（5例）、「日本語で日本のアニメがわかるようになりたいから」という【個人的趣味・関心】（3例）、「自分の知識を増やすため」という【教養の獲得】（2例）、「何か1つ外国語を習得したいから」という【外国語習得願望】が（2例）となっており、業務とは関連しない個人的な日本に関する興味を有していることが特徴的である。

　本調査の結果、日本語学習動機において、業務関連動機が一般的動機を大きく上回る結果となったことは、本調査対象者が「研修生」であるということを考えると当然のことである。しかし、業務関連動機の中に、日本語学習に対する積極的な意味を持つ動機と消極的な意味での動機が混在していたことは、研修生の置かれた状況を如実に示していると言える。すなわち、日本語学習への関心は高くなくとも、中国の送り出し企業において業務を続けていく以上、日本

語を習得しなければならないという状況があり、これが日本語学習開始の背景に強く作用している可能性がうかがえる。

　一方で、一般的動機への言及も多く見られたことからは、研修生が単に業務上の必要性に縛られることなく、日本語学習自体への関心や、日本語による交流なども視野に入れ、個人的なレベルでの関心から内発的に日本語学習を行おうとしていることが示されたと言えよう。このように、本調査の結果から、本調査対象である研修生の日本語学習動機は多様さ・複雑さが混在した形で形成されているということができる。

　以上のことを来日の経緯を加味して検討すると、「自発的来日」の場合、業務関連動機・一般的動機の双方がほぼ同程度であり、業務にも日本の文化や交流にも同程度に関心を持っている様子がうかがえる。それとは対照的に、「自己決定的来日」の場合、一般的動機も見られるものの、業務関連動機が大きくそれを上回っており、実務研修開始時点での日本語や日本社会への関心はそれほど高くない可能性がある。また、「非自己決定的来日」では、母数が少ないとはいえ、業務関連動機に偏り、一般的動機への言及は限定され、日本語学習や日本人との交流への関心はこの時点でうかがえない。このことから、来日に際しての自発性・自己決定性の有無が研修生の実務研修開始時に持つ日本語学習動機の特徴と密接な関連をもつ可能性が示唆された。

（4）日本語学習目標

　本調査の結果、対象者である中国人研修生が実務研修開始時に所持している日本語学習の目標は、計 72 例であった。それらは、業務とは直接関連の見られない「一般的な日本語力の向上」が 42 例

であり、業務と直接関連する「業務関連の日本語力の向上」25例を大きく上回る結果となった。この他に「日本文化の理解」への言及も5例見られた。来日の経緯を加味して整理した詳細を、以下、表4.3に示す。

まず、「業務関連の日本語力の向上」では、「開発・作業に関する日本語力の向上」（10例）が最多で、「打ち合わせ時に必要な口頭伝達力の向上」（7例）が続き、「打ち合わせ時の聴解力の向上」（4例）、「メールや仕様書の読解力の向上」（3例）、「メール作成時の作文

表 4.3 来日の経緯及び日本語学習目標（N = 41, 複数回答あり）

	内　訳	自発的来日 (N=15)	自己決定的来日 (N=22)	非自己決定的来日 (N=4)	計
業務関連の日本語力の向上	開発・作業に関する日本語力の向上	5	3	2	10
	打ち合わせ時に必要な口頭伝達力の向上	3	4	0	7
	打ち合わせ時の聴解力の向上	1	3	0	4
	メールや仕様書の読解力の向上	0	3	0	3
	メール作成時の作文力の向上	0	1	0	1
	計	9	14	2	25
一般的な日本語力の向上	会話力の向上	6	12	1	19
	試験合格	3	7	0	10
	聴解力の向上	0	3	0	3
	語彙・文法知識の増加	0	3	0	3
	新聞・小説等の読解力の向上	0	1	1	2
	生活上必要な日本語力の全般的向上	1	1	0	2
	作文力の向上	0	1	0	1
	その他（誰にも負けない日本語力等）	0	2	0	2
	計	10	30	2	42
日本文化の理解		2	4	0	5
計					72

力の向上」1例となった。一方、「一般的な日本語力の向上」では、業務だけに限定されないスキル別の日本語力をはじめとする総体的な日本語力の向上への言及が見られた。具体的には、「会話力の向上」（19例）が最多で、「（日本語能力）試験合格」（10例）がこれに続いた。これは、研修生を送り出した母国での所属企業が日本語能力試験での合格を研修中の日本語力向上の1つの目安として位置づけているという背景によるものと考えられる。他に、「聴解力の向上」（3例）、「語彙・文法知識の増加」（3例）、「新聞・小説等の読解力の向上」（2例）、「生活上必要な日本語力の向上」（2例）、「作文力の向上」（1例）、その他（2例）となった。業務関連目標・非関連目標とも、全体的に日本語で口頭伝達を行う力、または相手の日本語を聞き取る力の双方向的なやり取りを目標とするコミュニケーション志向が高く、このことから、研修生が日本語母語話者とのコミュニケーションに高い関心を持ち、学習に臨んでいることが明らかとなった。

　これらに来日の経緯を加味して検討した結果、「自発的来日」「自己決定的来日」の場合、業務関連の日本語力・一般的な日本語力の双方において、より広範な学習目標への言及が見られ、中でも日本語で聞く・話すという双方向でのやり取りを指すコミュニケーションを目標として掲げる傾向が強く見られた。しかし、「非自己決定的来日」の場合、言及に偏りが見られ、具体的な学習目標が見いだされていない可能性が示された。このことから、日本語学習動機と同様、学習目標に関しても、来日に際しての自発性・自己決定性がその特徴を決定づけることが示唆された。

（5）日本語学習動機の生起に関わる要因

　上述のように、実務研修開始時点での研修生の日本語学習動機の

特徴として、業務と関連づけた動機を多く所持していることが挙げられる。これらの研修生の日本語学習動機の生起の背景にはどのような要因が関連しているのだろうか。研修生による語りの内容を分析した結果、来日前の母国での業務経験の中で認識された「他者」の存在が、日本語学習動機の生起に重要な役割を果たしている可能性が複数の事例から明らかとなった。

　ここでいう「他者」とは、第1に、業務上で関わった日本人である。来日前の業務における提携企業の日本人との接触経験が、研修生が業務に関連づけた明確な日本語学習動機を生起させるのに重要な役割を果たしていることが、本調査の結果示唆された。事例別にその詳細を述べたい。

　まず、研修生M（20代、女性）は、研修前から日本側の企業との合同業務への参加経験及び来日経験があった。それらの経験を通して、Mは、自分の日本語力が十分ではないために職務遂行上の困難を経験したことから、日本語習得の必要性を強く感じるようになったことを、以下のように述べている。

　　日本と合同のプロジェクトがありました。でもー、そのとき、私、日本語の資料、読めません。メールを書く、難しいです。私の仕事で日本語はとても重要、日本語が上手になりたいです。(研修生M)

　また、研修生J（20代、男性）は、中国の送り出し企業において、来日前から若手ながらプロジェクトのリーダーも務める責任ある立場にあったという。Jは、自身が来日研修を決意した経緯について、以下のように言及した。

　　（日本と合同で仕事する時、）私の会社は通訳がいます。通訳の専

門は日本語です。技術の知識はありませんから、日本人と仕事を
するとき、いろいろ困ります。時々、技術の理解、できません。
ですから、（通訳を通してではなく）、自分でコミュニケーション
したいです。仕事がしたいです。（研修生J）

Jは、通訳担当者を通してコミュニケーションした際、通訳者が技
術に関する知識がないために通訳を間違えていたら、双方に誤解が
生じるかもしれない（「透过翻译沟通时，如果因为翻译的人不具备相关
专业知识而错翻的话，就有可能会产生误解」）とインタビューで補足した。
また、後日、別の会話機会においても、自分が自ら日本語学習を体
験することで、どうすれば日本語が上達することができるか、また、
どのような学習方法が効果的かを、帰国後通訳担当者も含め、社内
の部下や同僚たちにも教えたい、とも述べている。このように、J
の場合、業務上の責任感が日本語学習動機の生起に密接に結びつい
ていると言えよう。
　この2つの事例に共通するのは、来日前の業務経験の中で、日本
人との日本語でのやり取りを通して感じた不自由さ・困難さから、
日本語の必要性を意識するようになり、それを克服したいという願
望から日本語学習動機が生起したということである。研修生は、母
国の企業においては高度 IT 技術者であり、高い専門的知識と技術
を持つ。日本語で業務が行えるようになれば、業務上の精度や技術
者としての評価、信頼性も高まることに繋がるからであろう。
　第2に、日本語学習動機の生起に関わる「他者」とは、同企業内
の研修修了生の存在である。研修生 P（30代、女性）は、研修生の
中でも数少ない30代であり、幼い子どもを両親に預けて来日して
いる。P は、自身がそのような決意をした経緯について、来日前の
自分と帰国した研修修了生とを比較し、以下のように述べている。

> ……中国で、私の後輩たちが（日本での研修から）帰国しました。
> そのとき、みんな（日本語が）上手になるなあ、私もなりたいな
> あと思いました。（研修生P）

　Pは、自分よりも先に来日研修に参加し、研修を終えて帰国した後
輩の研修修了生たちが日本語を使用して業務が行えるようになった
ことに対し、自分も同じようになりたいとの思いから、来日研修に
参加し、日本語を学ぼうと決意したという。これは、Pの年齢的・
立場的な点を加味すると、単なる憧れや賞賛というより羨望や焦り
に近いものであるとも考えられる。
　同様の意識は、研修生Q（30代、男性）や研修生H（20代、女性）
の語りにも見られる。研修生Qは、来日前から社内では高い専門的
な技術力と豊富な業務経験を持つ人物であるとの評価を受けていた。
しかし、Q自身は日本語能力がないことが自らの活躍機会を狭めて
いると考え、来日研修に参加し、日本語を学ぶことを決意したとい
う。その経緯を、Q自身、以下のように述べている。

> 私の会社、あー、日本語、上手です。私、日本語下手です。日本
> 人来公司洽商的时后，公司都是派会说日语的人出面。我因为不会
> 日语，所以没有那样的机会。我也希望可以跟我同事一样有跟日本
> 人开会的机会。（日本人が来て仕事のことを打ち合わせたりするとき、
> いつも日本語のできる人たちが対応します。私は日本語ができないの
> で私にはそのような機会がもらえません。私も同僚と同様に、日本人
> との会議に参加する機会がほしいです。）（研修生 Q）

　また、研修生 H は来日したメンバーの中では年齢が若い入社 2

年目の社員であったが、以前から一貫して来日研修を希望していたという。Hは、自身の日本語学習動機の生起の背景を以下のように述べている。

　　私の会社は、日本語が上手な人が多いです。みんな上手、私、日本語が下手ですから、恥ずかしい。（研修生H）

このように、P、Q、Hの場合、他者との比較から、自身に同等の日本語力がないことが自らの活躍機会を狭めていると認識し、そのことによって日本語学習動機を生起させていることが明らかである。

　以上のように、本調査対象者の日本語学習動機の生起には、来日前の日本人との業務上の接触経験や、社内の日本語習得者・研修修了生など「他者」の存在が重要な役割を果たしていることが示唆された。Deci & Ryan（1985）は、自己決定性が高まれば高まるほどその動機は内発的に近づいていくと述べている。来日後、長期にわたる研修の中で技術習得と並行して日本語学習を継続していくのは容易なことではない。各研修生が、自発的・自己決定的に来日研修に参加し、日本語学習の意義づけを行い、学習を開始できるよう、来日前段階での機会提供や意識づけを行うことが、研修生の日本語習得支援を行う上で重要なプロセスとなり得ると考えられる。

注

1　日本語レベルについては、OPIや日本語能力試験の取得レベル等でこのように判断した。

2　インタビューでは他にもいくつか質問が行われたが、本調査では本研究の目的と一致する関連部分のみを分析の対象とした。

3　requirement motivationとは、Ely（1986）によれば、「大学で単位をとるために必要だから」のように、状況的な必要性による動機であり、

目標言語コミュニティとの同一化などを目的とした統合的動機や、道具的な使用を目的とした道具的動機とは性質の異なるものであるとされる。

第 **5** 章

【研究2】
実務研修過程における中国人研修生の日本語学習動機とその生起要因

原因帰属理論を手がかりとして

1. 研究目的

　第4章では実務研修開始時点での中国人研修生の日本語学習動機に焦点を当て、対象者がもつ日本語学習動機とその生起に関わる要因を検討した。本章では実務研修の過程において研修生が日本語学習成果とともにその要因をどのように捉えているのかについて、研修という文脈の観点から明らかにすることで、研修生の日本語学習動機と関連要因を検討することを目的とする。

　そのための理論的枠組みとして、本章では、原因帰属理論を援用する。第3章でもすでに述べたように、言語学習の動機づけと原因帰属との間には密接な関連が考えられる（Dörnyei, 2001a）。原因帰属は個人（学習者）のその後の行動と関わると考えられるため（Williams, Burden & Al-Baharna, 2001）、人があることの原因をどのように捉えているかを知ることがその人の行動を理解するのに役立

つとともに、学習者を動機づける上でも、教師の役割として重要であるためである（Oxford & Shearin, 1996）。それゆえ、本章では、実務研修過程における研修生の日本語学習の成功・失敗の認識とその原因帰属の様相から、日本語学習動機の生起・喪失について検討する。

2．調査の概要

（1）調査対象者及び調査時期

　本研究の調査対象者は、第4章と同様、X社において実務研修を行っているY社・Z社からの中国人研修生 22 名（男性13 名、女性9名）である[1]。年齢は 20代半ばから 30代前半であり、技能等の習得を目的として1年間の予定で来日し、X社で実務研修を行っている。来日時期及び実務研修開始時期はグループによって少しずつ異なるが、来日直後に海外人材受け入れ支援機関における6週間の講習を終了した後、X社の各職場で実務研修を行っているという状況は同様である。

　X社によって開講されている日本語クラスは、実務研修のスケジュールに合わせて運営されており、約3か月で1コースとなっている。スケジュールや学習内容は実務研修の状況や研修生の来日・帰国の時期、また、日本語能力試験受験のための準備など、研修生のニーズが反映されて決定される。

　インタビュー時の研修生の日本語レベルは中級～上級前半程度[2]である。このうちグループAの9名については、滞日半年後・1年後（帰国前）の2回にわたり調査を行ったが、既述のように日本語

表 5.1 調査対象者の属性

グループ	滞日期間	インタビュー実施時期	インタビュー時の滞日期間
A（男4，女5）	2001年6月-2002年6月	① 2001年12月	① 半年
		② 2002年6月	② 1年
B（男4）	2001年4月-2002年3月	2001年12月	8か月
C（男5，女4）	2001年12月-2002年12月	2002年6月	半年

　学習成果に関わる帰属要因については先行研究がなく、より多くの要因を抽出することが必要であると考えたため、本研究ではこれらをすべてデータとして扱うこととした。詳細を表 5.1 に示す。

（2）調査方法及び分析方法

　上述の研修生対象日本語クラスにおいて、1コースが終了した時点で、学習成果を振り返るための個別インタビューを行った。使用言語は主に日本語で、発話が困難な場合は中国語も使用可能としたが、中国語の使用はほとんど見られなかった。インタビューは、用意された質問項目に対し、対象者が比較的自由に考えを述べることが可能な半構造化面接であった。本調査に関わる質問項目は、「今の自分の日本語力についてどう思いますか」、「その原因は何だと思いますか」である[3]。時間は1人当たり30分程度であり、インタビュー内容は対象者の許可を得て録音された。これを文字化したものを分析データとして用い、学習成果とその原因部分についての言及を抽出した。

　抽出された原因部分のデータ整理に当たっては、第4章同様、

KJ 法（川喜田，1967）を援用して分析を行った。本研究においては、インタビューの際、自分の学習についてどのように思うかという質問に対し、「書くのは以前より上手になったけど、話すのはまだまだ」のように 1 つの発言の中で「成功」「失敗」の両方に言及するようなケースが見られた。このようなケースでは、「書くのが以前より上手になった」「話すのはまだまだ（十分ではない）」のように 2 つのデータとして切り分け、それぞれそのように思う原因を対象者に尋ねたため、これを別のデータとして抽出して扱った。

3．結果と考察

（1）研修過程における日本語学習成果の成功及び失敗の帰属要因

　インタビューによるデータから、自分の日本語学習の成果に関して、「以前より日本語が上手になった」「がんばっている」のような肯定的な学習成果への言及と、「私の日本語はまだまだです」「なかなか上手にならない」のような否定的な学習成果の双方への言及が見られた。発言の意味合いから判断し、肯定的な学習成果を「成功」、否定的な学習成果を「失敗」とみなした上で、その原因についての対象者の語りに着目し、成功の帰属要因 65 例、失敗の帰属要因 144 例を抽出した。これらを要因間の相互の関連性と要因の所在（学習者内・外のいずれに位置するか）の観点から分類した結果、成功の要因は「内的要因 」34 例、「外的要因」31 例であり、失敗の要因は「内的要因」70 例、「外的要因」74例となった。詳細を表 5.2、表 5.3 にそれぞれ示す。また、文中における各カテゴリーの説明として、

中カテゴリーを〔　　　〕、小カテゴリーを【　　】、単独カードのラベルを〈　　〉で表す。

① 成功の帰属要因

　成功の帰属要因のうち、内的要因では、〔情意要因〕（17 例）が最も多く、ここには「日本での研修を有効に使って、たくさんのことを身につけたいから」などの【貴重な研修機会の有効利用への願望】

表 5.2 日本語学習の「成功」の帰属要因（計 65 例）

内的要因（計34）	
〔情意要因〕（17）	【貴重な研修機会の有効利用への願望】（5）
	【日本語の必要性の認識】（3）
	【コミュニケーション志向】（3）
	【上司・会社への研修成果獲得願望】（2）
	【ライバル意識】（2）
	・日本語学習への興味
	・試験などのプレッシャーの存在
〔努力・態度〕（9）	【自分の努力】（6）
	【日本語使用機会の積極的な活用】（2）
	・年齢の高さによる覚悟
〔日本語使用・日本語学習〕（5）	【日本での日本語学習経験の蓄積】（3）
	・来日前の学習経験の蓄積
	・日本語使用への慣れ
〔性格・能力〕（3）	【真面目な性格】（2）
	・会話時の内容推測力

外的要因（計31）	
〔研修環境要因〕(12)	【日本語使用機会の多さ】（8）
	【日本語を聞く機会の多さ】（3）
	・職場での交流による知識の獲得
〔協力的な他者の存在〕(10)	【コミュニケーション時の相手からの配慮】（5）
	【同僚・上司などからの研修機会提供】（3）
	【研修指導者・日本語教師からの機会提供や配慮】（2）
〔授業・インストラクション〕(7)	【日本語教師・日本語授業の存在】（3）
	【ニーズや学習スタイルに合った授業】（2）
	・学習内容の実用性
	・教師による分かりやすい話し方
・（中国語と共通した）漢字の存在（2）	

（5例）、「日本語が必要だから」などの【日本語の必要性の認識】（3例）、「日本語のコミュニケーションが好きだから」などの【コミュニケーション志向】（3例）、「日本語が上手になったことをみんなに見せたい」などの【上司・会社への研修成果獲得願望】（2例）、「他の人に絶対負けたくない」などの【ライバル意識】（2例）の下位カテゴリーが見られた。このほかに、単独カードとして、「日本語学習に興味があるから」という〈日本語学習への興味〉と、「（JLPT受験などの）試験があるから」という〈試験などのプレッシャーの存在〉が見られた。

　次に、〔努力・態度〕（9例）には、「日本語が上手になるために努力したから」などの【自分の努力】（6例）、「積極的に日本語を使ったから」という【日本語使用機会の積極的な活用】（2例）と、「この年齢になって、一生懸命頑張らなければならない」という単独カード〈年齢の高さによる覚悟〉が見られた。

　さらに、〔日本語使用・日本語学習〕（5例）には、「日本で学習することができるから」のような【日本での日本語語学習経験の蓄積】（3例）とともに、単独カードとして、「日本に来る前に一生懸命勉強したから」という〈来日前の学習経験の蓄積〉と、「日本語を使うことに慣れてきたから」という〈日本語使用への慣れ〉が見られた。

　加えて、〔性格・能力〕（3例）には、「私はまじめだから」のような【真面目な性格】（2例）と、「会話の時にうまく推測できるから」という単独カード〈会話時の内容推測力〉が見られた。

　一方、外的要因のうち最も多かった〔研修環境要因〕（12例）には、「研修で日本語を使う機会が多いから」のような【日本語使用機会の多さ】（8例）、「周りの日本語が聞けるから」のような【日本語を聞く機会の多さ】（3例）とともに、「職場で皆さんと交流して新

しい知識が学べるから」という単独カード〈職場での交流による知識の獲得〉が見られた。

　次に多く言及された〔協力的な他者の存在〕（10例）には、「私の日本語力をみんなが理解して、ゆっくり話してくれるから」のような【コミュニケーション時の相手からの配慮】（5例）、「同僚や上司などがいろいろ教えてくれるから」のような【同僚・上司などからの研修機会提供】（3例）、「（研修生指導担当者である）Wさんや（日本語の）先生のおかげ」のような【研修生指導者・日本語教師からの機会提供や配慮】（2例）が見られた。

　さらに、〔授業・インストラクション〕（7例）には、「日本語の先生がいるから」のような【日本語教師・日本語授業の存在】（3例）、「私の勉強方法と授業があっているから」のような【ニーズや学習スタイルに合った授業】（2例）とともに、単独カードとして「先生がわかりやすく話してくれるから」という〈日本語教師による分かりやすい話し方〉、「勉強したことが研修で役に立つから」という〈学習内容の実用性〉が見られた。

　これらの他に、「日本語に漢字があるから学習しやすい」という単独カード〈漢字の存在〉（2例）が見られた。

②　失敗の帰属要因
　一方、失敗の帰属要因のうち、内的要因では〔情意要因〕（44例）が最も多く、ここには、「仕事のとき日本語で間違えるのが不安だから」のような【日本語使用不安】（22例）や、「何も目標がないから」のような【日本語学習意欲の喪失】（12例）、「日本語のコミュニケーションが苦手だから」のような【コミュニケーションに対する苦手意識】（10例）が見られた。

　次いで、〔日本語使用・日本語学習〕（10例）には、「言語学習が

表 5.3 日本語学習の失敗の帰属要因（計144例）

内的要因（計70）		
[情意要因]（44）	【日本語使用不安】（22）	
	【日本語学習意欲の喪失】（12）	
	【コミュニケーションに対する苦手意識】（10）	
[日本語使用・日本語学習]（10）	【言語学習困難】（8）	
	【日本語使用の際の社会・文化的知識の不足】（2）	
[努力・態度]（7）	【自分の努力不足】（6）	
	・学習への消極的取り組み	
[性格・能力]（9）	【自分の性格】（6）	
	【能力の低下】（3）	

外的要因（計74）		
[研修環境要因]（39）	【日本語使用機会の少なさ】（27）	
	【日本滞在・学習期限】（5）	
	【研修と日本語学習の両立困難】（4）	
	・中国語話者の存在（2）	
	・説明時間の制約	
[授業・インストラクション]（20）	【学習内容の実用性の低さ】（6）	
	【教材の不十分さ】（6）	
	【学習スタイルの違い】（3）	
	【未習事項の多さ】（2）	
	【学習到達度の確認手段がないこと】（2）	
	・大きすぎるクラスサイズ	
[協力的な他者の欠如]（9）	【自分の日本語力に対する周囲の配慮の欠如】（8）	
	・自分に対する周囲の関心のなさ	
[目標言語の性質]（6）	【使用表現の複雑さ】（4）	
	【日本語の複雑さ】（2）	

下手だから」のような【言語学習困難】（8例）、「日本語を話すとき、日本のことがわからない」のような【日本語使用の際の社会・文化的知識の不足】（2例）が見られた。

　さらに、〔努力・態度〕（7例）には、「自分であまり勉強しないから」のような【自分の努力不足】（6例）とともに、「時間の使い方が悪いから」という単独カード〈学習への取り組みの悪さ〉が見られた。

　これらに加えて、〔性格・能力〕（9例）には、「私は内向的だから」のような【自分の性格】（6例）と、「記憶力が下がっているから」のような【能力の低下】（3例）が見られた。

一方、外的要因では、〔研修環境要因〕(39例) が最も多く、ここには、「日本語を使う機会があまりないから」のような【日本語使用機会の少なさ】(27例)、「日本で勉強できる期間が短いから」のような【日本滞在・学習期限】（5例)、「疲れているので日本語の勉強ができない」のような【研修と日本語学習の両立困難】（4例) とともに、単独カードとして、「周りに中国語を話す研修生がたくさんいるから」のような〈中国語話者の存在〉（2例) と、「周りの日本人は忙しいので何回も説明を頼めない」という〈説明時間の制約〉が見られた。

　また、〔授業・インストラクション〕(20例) には、「授業で習ったことを仕事で使えないから」のような【学習内容の実用性の低さ】（6例)、「テキストがつまらない」のような【教材の不十分さ】（6例)、「勉強方法が中国と違う」のような【学習スタイルの違い】（3例)、「習ってないことが多いから」のような【未習事項の多さ】（2例)に加え、「クラスの人数が多い」という単独カード〈大きすぎるクラスサイズ〉が見られた。

　さらに、〔協力的な他者の欠如〕（9例) には、「会社でみんな速く話すので理解できない」のような【自分の日本語力に対する周囲の配慮の欠如】（8例)、とともに、「みんな忙しいからあまり関心がない」のように研修生に対する関心のなさを示す単独カード「自分に対する周囲の関心のなさ」が見られた。

　最後に、〔目標言語の性質〕（6例) は、「日本語の敬語は難しい」のような【使用表現の複雑さ】（4例) と、「日本語の文法は難しい」のような【日本語の複雑さ】（2例) が見られた。

（2）成功・失敗の原因帰属の特徴

　以上のように、本調査対象者である研修生の実務研修過程におけ

る日本語学習成果の帰属要因から、次のようなことが明らかである。第1に、学習成果を成功とみなすか、失敗とみなすかに関わらず、両者に共通して、情意要因、日本語使用・日本語学習、努力・態度、性格・能力の内的要因と、研修環境要因、授業・インストラクション、協力的な他者の存在／欠如の外的要因が見られたことである[4]。各要因の全体に占める割合は、表5.4 に示す。このことは、本調査対象者である中国人研修生の日本語学習には、これらの要因が肯定的にも、否定的にも密接に関わっていることを示すものと言えよう。中でも、情意要因、研修環境要因、授業・インストラクションへの言及が成功・失敗ともに多く、次いで内的要因では努力・態度、外的要因では協力的な他者の有無への言及が多かったことは、これらが実務研修という社会的文脈の中での研修生の日本語学習成果に関わる重要な要因として研修生により認識されていることを示している。

　第2に、本調査対象者の日本語学習成果では、成功の帰属要因数よりも失敗の帰属要因数のほうが圧倒的に多く言及され、言及の内容も細部に及んでいた。例えば、帰属要因としての〔授業・インストラクション〕への帰属は、成功・失敗とも見られるが、教材の不十分さや未習事項の多さ、クラスサイズなど、失敗の帰属のほうが

表 5.4　成功・失敗の帰属要因の割合

	情意要因	研修環境要因	授業・インストラクション	日本語使用・日本語学習	協力的な他者の存在	性格・能力	努力・態度	その他
成功の帰属要因	17	12	7	5	10	3	9	2
	26.2%	18.5%	10.8%	7.7%	15.4%	4.6%	13.8%	3.1%

	情意要因	研修環境要因	授業・インストラクション	日本語使用・日本語学習	協力的な他者の欠如	性格・能力	努力・態度	目標言語の性質
失敗の帰属要因	44	39	20	10	9	9	7	6
	30.6%	27.1%	13.9%	6.9%	6.3%	6.3%	4.9%	4.2%

より細かく言及され、多様である。また、失敗の帰属要因としての社会・文化的知識に関わることは、失敗の要因としては言及されたが、成功の要因には見られない。これは、授業・インストラクションや社会・文化的知識が、日本語学習成果の「成功」より「失敗」に関連づけて認識されやすいことを示していると言えよう。

　失敗の帰属が多様性に富むことに関しては、Williams & Burden（1999）でも同様の結果が示されている。また、蘭・外山（1991）がWeiner（1985）を引き、「失敗や敗北、損失のような結果は、成功や勝利、獲得などに比べて、因果的な推論を生じやすい」と述べており、本調査の結果もその点と一致する。さらに、Williams & Burden（1997）は、成功・失敗の定義は二者択一的なものではなく、文化、集団、個人によって異なると述べている。そのため、ある人から見て「成功」だと認識されるような学習成果でも、当事者にとってはその成果に満足できないなら「失敗」だと位置づけられるとも考えられる。そのような意味で、本調査対象者である研修生の場合、向上心や学習成果への期待が大きければ大きいほど、学習を「失敗」だと認識する可能性も高く、それに伴い帰属要因も増加・多様化するものと考えられる。

（3）実務研修という文脈における帰属要因から見た日本語学習動機の検討

　本調査を通して明らかとなった成功・失敗の帰属要因は、実務研修という社会的文脈の中での研修生の状況とともに、日本語使用状況や研修生にとっての日本語学習の位置づけや学習への取り組みを示すものであり、日本語学習動機の予測にも有効なものであった。

　まず、成功の要因としての情意要因の認識は、本調査対象者であ

る研修生が、自分にとっての日本語の必要性を明確に意識し、関心を持って意欲的に日本語学習に取り組んでいることを示している。例えば、ある研修生は来日後の実務研修において、日本と母国との間での共同作業を「日本側として」担当したことで、協働作業に関わる全ての人を繋ぐためのツールとして「やはり日本語が必要だと思った」と述べ、この強い認識を日本語学習の成功の要因とみなしている。また、別の複数の研修生も同様に、「将来、通訳なしで日本側とコミュニケーションできるようになりたい」、「このような研修機会はもうないので、一番いい結果を持って帰りたい」、「帰国後、結果を会社に示したい」など、コミュニケーション志向や研修成果獲得願望について言及するなど、自分にとっての日本語学習の意義づけを行い、学習を行っていることが明らかである。これは、研修生の積極的な日本語使用や与えられた日本語使用機会の活用などの〔努力・態度〕とも関わり、日本語学習成果の肯定的な認識に結びついているものと考えられる。このような成功の帰属要因としての情意要因からは、研修生の日本語学習動機の強さや明確さがうかがえる。

　一方、失敗の要因としての情意要因は、実務研修過程における研修生の日本語学習の困難さを示すものであると言えよう。まず、「日本語使用不安」への言及が多く見られたことは、彼らが研修生であるという立場を考えたとき容易に理解できるものである。「仕事だから日本語で間違ってはいけないと思うと怖い」「誤解があってはいけない」という意識が研修生の中で強く作用し、研修の場で日本語を使用する際、躊躇してしまうとの言及が、複数の研修生の言及に見られた。このような研修の場における日本語使用不安は、研修生の積極的な日本語使用を抑制するため、学習成果の否定的な認識に結びついていると考えられる。また、「日本語学習意欲の喪失」

に関しては、技術習得との両立で疲れたり、ストレスを感じたりして
いる様子や、自分の日本語の上達を確認する手段がないためにこ
のままでよいのかわからず、至近的な学習目標を見失ってしまうこ
とが言及され、それ自体が日本語学習動機の維持の困難さや喪失の
可能性を予測させるものとなっている。

　また、学習成果の成功・失敗とも、外的要因である研修環境要因
への言及が多く見られたことは、研修環境における日本語使用機会
の多さや多忙さが、日本語学習動機とも結びつきやすいことを示す
ものであると言えよう。これは、協力的な他者の存在とも関連が深い。
例えば、研修の場において「自分が書いた日誌を日本人同僚が見て、
上司や同僚が日本語を教えてくれる」「周りの日本人が日本語の会
話の時間を作ってくれる」など、身近に協力的な他者が存在するこ
とが日本語使用機会を増加させ、研修生による日本語学習成果の肯
定的な認識へと結びついていることがうかがえる。このことが日本
語学習動機に関連することは容易に推測できる。しかし、研修環境
において日本語使用機会が少なく、身近に協力的であると認識でき
るような他者が存在しなければ、研修環境において受容感が得られ
ず、不満も高まり、日本語学習成果を否定的に捉え、日本語学習動
機の低下にも繋がりやすい。インタビューでも、自分の母国の企業
と異なり、日本の会社は職場で隣の席の人と気軽に話すことができ
ず、それぞれが黙々と作業を行っているため、周りの日本人社員の
邪魔になるかもしれないと思うと声さえかけづらい、職場での人間
関係の構築は難しいなどの言及が見られた。また、相手が自分の日
本語を理解してくれようとするあまり、「ちょっと話したら『ああ』
とすぐに分かってくれるので、それ以上話す必要がない」など、日
本語でコミュニケーションしたいという研修生と研修環境における
日本人社員との間でのコミュニケーション・ギャップも示されてい

る。このような場合、研修生にとって日本語習得の必要性を感じたり、日本語が上達している、さらに上手になりたいとの感覚を持ったりすることには結びつきにくく、日本語学習動機が維持されにくいと考えられる。

このような実務研修における状況の中で、実務研修期間にわたって研修生を支える日本語授業が存在することの意義は大きいものと言えよう。日々の研修生活において、研修生は日本語使用機会が十分ではないと感じたり、日本語使用上の不安や疑問を抱えたりすることも少なくない。また、様々な異文化間接触による戸惑いや否定的感情も生じやすい。そのような場合、日本語授業があることで、日本語使用機会が生まれ、同じ立場の研修生や、日本語母語話者であり日本語教育の専門的知識を持った日本語教師とともに問題を検討しながら、日本語運用力や日本社会に対する知識や関心を高めていけることは、研修生にとって重要なサポートであると認識されているのであろう。日本語学習成果の成功要因として「日本語授業の存在」を挙げたある研修生は、「昼休みに日本人の同僚と昼ごはんを食べるとき、授業で学習した話題を出すと会話が弾む」と述べ、日本語授業の存在が自分と研修環境における日本人社員との間を結ぶ役割をも果たしていると認識していると述べている。

しかし、異なる文化の中で日々研修を行う疲労やストレスを抱える研修生にとって、日本語学習に対する意欲を持続し日本語授業に参加し続けることは、それほど容易なことであるとは言えない。そのため、日本語授業における学習内容がどれだけ実用的であるか、また、自分の関心やニーズといかに一致するかが重要であり、そうでなければ、ニーズが充足されない日本語授業が日本語学習成果の失敗要因として認識されやすく、日本語学習動機の低下にも直結しやすいものと考えられる。

ただ、Ushioda（2001）は、肯定的な学習成果を自身の熱心な取り組みや努力など個人の能力や性質に帰属させることで自己概念を高め、また、否定的な学習成果を努力不足や第二言語環境における機会の欠如など変化し得る一時的な要因に帰属させることで、個人の将来性を信じることを通して動機づけを維持することが、第二言語学習の動機づけの上で有効であると述べている。本調査を通して明らかになったケースに当てはめて考えると、日本語使用機会の少なさのために日本語学習成果を否定的に捉えたり、多忙さによる疲労などから自分の努力不足であると認識したりするような場合、今後、時間や状況の変化にともなって日本語学習動機が回復する可能性も高いと言えよう。

　以上のように、研修生による日本語学習成果の認識には、研修という社会的文脈が肯定的にも否定的にも深く関連し、研修生の日本語学習動機の維持・高揚や低下とも密接に関連している可能性は明らかである。研修生は母国においては専門的知識も技術も併せ持ち、就労経験もある「一社員」としての立場にある。しかし、日本社会において「研修生」として生活することは、言語的・文化的な意味でのマイノリティであるだけでなく、社員から研修生への社会的地位の低下を伴うことも意味する。研修の場において、時期的・状況的な周囲の多忙さが理解できるゆえに、ミスは許されないと考えることで日本語使用に対する不安は高まり、日本語使用機会がさらに限定されることも推測される。研修生が実務研修期間中にわたり日本語学習動機を維持したり、高めたりできるよう、日本語教育を通していかに関わることができるのかが、実務研修を行う研修生に対する重要な支援となるであろう。

注

1　本章における対象者は、調査時期の設定上、第4章におけるインタ
　ビュー調査の対象者とも一部重なっている。
2　この研修では日本滞在中に日本語能力試験2級以上の受験が盛り込
　まれ、ほぼ全員が合格するため、このように判断した。
3　インタビューでは、他にもいくつか質問項目として取り上げたが、
　ここでは原因帰属に関わる2項目についてのみ扱う。
4　ただし、ここでは、成功要因としての「努力」は失敗要因としての
　「努力不足」に、また、成功要因としての「協力的な他者」は失敗要因
　としての「協力的な他者の欠如」に対応するものと考える。

第6章

【研究3】
中国人研修生の日本語学習動機の
変化と研修環境の認識との関連

実務研修における日本語教育への示唆

1．研究目的

　第4章では、実務研修開始時点での研修生の日本語学習動機に焦
点を当て、その生起に関わる要因を検討した。その結果、研修生は
多くが来日前の業務経験によって形成された日本語学習動機を持つ
とともに、業務以外に関する動機も併せ持ち、来日後の日本語学習
に臨んでいる様子が明らかとなった。また、第5章では、実務研修
過程における日本語学習成果とその原因帰属要因に関して、研修と
いう文脈を考慮に入れて研修生の視点から明らかにすることで、研
修生の日本語学習動機と関連要因を検討した。その結果、研修生は
実務研修過程における日本語学習の成功・失敗の双方に関して、情
意要因、研修環境、授業・インストラクションなどにその要因を多
く帰属させていることとともに、それらは実務研修過程における日
本語学習動機の様相を示す可能性が示唆された。

しかし、動機は時間の推移に伴い変化を遂げるものである（Ushioda, 2001）。また、学習を行うための動機（initiating motivation）と学習を持続するための動機（sustaining motivation）は異なるものであると言われる（Williams & Burden, 1997; Dornyei & Otto, 1998）。そのため、研修生の日本語学習動機とその関連要因を明らかにするためには、実務研修過程のある一時点のみを捉えるのではなく、経時的な観点から動機の変化を捉え、環境との相互作用の中で検討する必要がある。

そこで、本章では日本の企業で実務研修を行う中国人研修生を対象とし、日本語学習動機の変化と研修生自身による変化に関わる要因の認識、特に研修環境への認識との関連に焦点を当てて検討を行う。具体的には、(1) 実務研修期間中、研修生の日本語学習動機はどのように変化するのか、(2) その変化に関わる要因として研修生に認識されているのはどのようなものであるか、の2点の解明を試みる。

2．調査の概要

（1）調査対象者

本研究における調査対象者は、第4章・第5章と同一の IT 関連企業X社において受け入れられ、2003 年から 2004 年に技能等の習得の目的で実務研修を行っている Y社・Z社からの中国人研修生6名（男性4名、女性2名）である[1]。年齢はいずれも 20 代半ばから後半であり、全員が IT 技術者である。来日時期は、Y社・Z社で4か月の差がある。各研修生の実務研修開始時点での日本語レベル

表 6.1　調査対象者の属性

中国での所属企業	研修生	性別	年齢	実務研修における 日本語クラス参加期間
Y社	A	女	27	2003年6月末-2004年3月
	B	男	25	
	C	男	27	
	D	男	27	
Z社	E	女	24	2003年10月末-2004年7月
	F	男	25	

は、OPI[2]によって中級下〜中級中、終了時点で中級中〜上級下と判定された。調査開始当初は、他に同時期にクラスを受講していた研修生からも回答を得ていたが、急遽帰国が早まったため、初回のデータしか採取できなかった者は今回の調査対象者からは除外することとした。本調査対象者6名は、第4章・5章同様、X社の研修生を対象とした日本語クラスを実務研修期間中継続して受講している。調査対象者の属性について、詳細を表6.1に示す。

（2）調査時期とその背景

　本調査は、2003年10月-12月（Ⅰ期）、2004年1月-3月（Ⅱ期）の2期にわたる日本語クラス開講期間中に行われた。この日本語クラスにおける学習内容は、参加する研修生のニーズや送り出し企業・受け入れ企業からの要請、各研修生の研修状況に関する情報を基に、研修生の生活指導担当であるW氏とも相談しつつ、日本語教師から提案する形で決定する。本調査時期であったⅠ期においては、送り出し企業であるY社・Z社からの要請により例年12月に実施される日本語能力試験の受験が研修生全員に課されているため、これに向けた対策を望む声が研修生からも多く上がって

いた。そのため、試験対策が主な学習内容となった。試験対策を
クラスでの学習内容とした場合、その期間、時間的制約からコミュ
ニケーションを中心とした実践的な教室活動を減らさざるを得な
いという状況が生じる。そのため、Ⅱ期においては実際の研修場
面で有効な、日本語による発表やディスカッションなどの学習活
動を中心としたシラバスが組まれ、Ⅰ期・Ⅱ期を合わせ相互補完
的となるようなシラバス構成となっていた。この性質の異なる2
つのコース期間中における日本語学習動機の変化について、Ⅰ期
開始時の10月・Ⅰ期終了時の12月・Ⅱ期終了時の3月の3回に
わたって調査を行った[3]。

（3）調査方法

　データ収集は、質問表及び研修生に対するインタビューによって
行われた。まず、質問表は、守谷（2004：2005）の結果から抽出さ
れた内容に基づき作成された。その理由は、日本語教育領域におけ
る先行研究にも日本語学習動機に関わる尺度は多数あるが、それら
は留学生や就学生等を対象として作成されたものであり、実務研修
と併行して日本語学習を進める研修生を対象とした調査では実務研
修特有の状況を反映したものが必要であると判断したためである。
　そのため、本調査では、実務研修過程の研修生の日本語学習動機
に関わる16項目を作成し使用した。それらは日本語上達願望（「将来、
日本語を使って仕事ができるようになりたい」など2項目）、日本語の
必要性（「私の仕事には日本語が必要だ」など3項目）、関連事項への
関心（「社会・文化・歴史など日本のいろいろなことをもっと知りたい」
など5項目）、今後の努力・継続性（「高いレベルになるまで、今後も
ずっと日本語の勉強を続けようと思う」など2項目）、ライバル意識（「他

表 6.2 本調査で使用した質問表の項目

カテゴリー	質問項目
日本語上達願望	私はもっと日本語が上手になりたい
	将来、日本語を使って仕事ができるようになりたい
	日本語で日本人と自由にコミュニケーションできるようになりたい
ライバル意識	他の研修生に負けたくない。自分が一番日本語が上手になりたい
関連事項への関心	社会・文化・歴史など日本のいろいろなことをもっと知りたい
	日本語学習を通して知識を豊かにし、自分の視野を広げたい
	仕事に関連することだけ勉強したい。他は必要ない（＊）
	日本人の友人がほしい
	日本語や日本理解のために私は日本人と話す機会を積極的に作ろうと思う
今後の努力・継続性	日本語が上手になるために、今後も一生懸命努力するつもりだ
	高いレベルになるまで、今後もずっと日本語の勉強を続けようと思う
日本語の必要性	私の仕事には日本語が必要だ
	日本語の勉強は好きではないが、仕事で必要だから勉強しなければならない（＊）
	日本語ができると、仕事上有利だ
学習への嗜好性	日本語の勉強が好きだ
	日本語の勉強は好きではないが、会社・上司の指示だから勉強しなければならない（＊）

（＊は反転項目）

の研修生に負けたくない」の１項目）、日本語への嗜好性（「日本語学習が好きだ」など２項目）から成る。使用した項目を表6.2に示す。これらについて「とてもそう思う〜全然そう思わない」の５段階評定により回答を求め、その数値を日本語学習動機の変化を示す基準とした。また、自由記述により授業に対する要望や現時点での困難点、自身を取り巻く日本語学習・使用状況などについても具体的な記述を求めた。

　調査表は、Ⅰ期開始前時点（９月）・Ⅰ期終了時点（12月）・Ⅱ期

終了時点（3月）に各研修生に配付し、回答を求め、結果をグラフ化した。その後、学習の振り返り等を目的とした個別インタビューの中で、グラフ化された結果を研修生とともに確認しながら質問を行った。ただし、Ⅰ期終了時点（12月）においては、時期的な事情からインタビューを実施することができなかったため、調査表の配付・回収のみとし、調査表の自由記述の内容等で気になることがあれば調査者のほうから1月のⅡ期開始時点で直接尋ねるか、メールで確認するようにした。インタビューは対象者への柔軟な対応が可能な半構造化面接の形式である。今回の調査で調査者が事前に用意した質問は、「1．これまでの自分の日本語学習についてどう思いますか」、「2．あなたのこの3か月間の日本語学習動機はこのように変化しています。これについてどう思いますか」、「3．なぜこのように変化していると思いますか」、「4．現在の日本語の使用状況に満足ですか」、「5．あなたのこれまでの日本語学習の原動力となっているものは何ですか」の5項目であった。既述のように、このコースにおける日本語教師の役割は「評価者」「指導者」ではなく、日本語教育の面から研修生を支える支援者である。そのため、インタビューも、対話を通して各研修生の状況を把握し、コースに反映させながら日本語学習の継続を支援するという役割を重視して行った。インタビューの内容は対象者の許可を得て録音し、これを文字化したものをデータとして使用した。また、研修生を取り巻く環境について理解するため、研修生の生活指導担当者からの情報も分析・考察の際の参考とした。

3. 結果と考察

(1) 日本語学習動機の変化のパターン

　まず、調査の結果、10月・12月・3月の3回にわたる調査対象者の日本語学習動機の変化は表 6.3 のとおりであった。これらについて、10月から12月の変化を基準とし、「上昇型」（研修生 C・E）、「維持型」（研修生 A・D）、「下降型」（研修生 B・F）の3つに分類し、その後の変化がどのようになるのかを見た。

　上昇型に分類された2ケース（研修生 C・E）は、いずれの対象者も10月開始時点で高い日本語学習動機が見られなかったが、Ⅰ期の期間中の経験により12月調査では上昇し、Ⅱ期においても上昇を続け、結果としてコース終了時まで一貫して動機が上昇し続けたというものであった。

　また、維持型に分類された2ケース（研修生A・D）は、来日前から明確な日本語学習動機が見られたという点で共通しており、初回

表 6.3 日本語学習動機の変化

| タイプ | 研修生 | 10月 | 12月 | 3月 | 変化の差 | |
					Ⅰ期 （10-12月）	Ⅱ期 （12-3月）
上昇型	C	4.2	4.5	4.7	↑ (0.3)	↑ (0.2)
	E	3.7	3.9	4.3	↑ (0.2)	↑ (0.4)
維持型	A	4.7	4.7	4.7	0	0
	D	4.1	4.1	4.3	0	↑ (0.2)
下降型	B	4.6	4.5	4.7	↓ (−0.1)	↑ (0.2)
	F	5.0	4.5	4.9	↓ (−0.5)	↑ (0.4)

のインタビューにおいてもそれを示す言及が見られた。AはⅠ期・
Ⅱ期においても動機が高い状態で維持され、BはⅡ期においてわず
かに上昇した。

　さらに、下降型に分類された2つのケース（研修生B・F）では、
10月時点での日本語学習動機に差が見られた。しかし、Ⅰ期期間中
の研修・生活経験を通して一時的に日本語学習動機や日本語学習へ
の関心を喪失してしまうという状況に直面したこと、また、Ⅱ期に
おいていずれも自分の意識に変化が生じ、日本語学習動機が上昇し、
コースを通して「下降―上昇」の変化を示したことが共通している。
これらの結果をまとめ、グラフ化したものが図6.1である。

　次に、このような日本語学習動機の変化の背景要因として、各研
修生がどのような認識を持っていたかについて、インタビューから
詳細を個別に検討する。

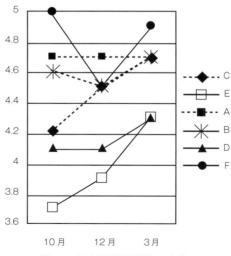

図 6.1 日本語学習動機の変化

（2）日本語学習動機の変化のパターンに見られる個別事例の分析

　上昇型（研修生C・E）、維持型（A・D）、下降型（F・B）のそれぞれのケースを取り出し、日本語学習動機の変化をグラフに示したものが図 6.2、6.3、6.4 である。これらのパターンに見られる各研修生の状況について、変化の要因としてどのようなことが認識されていたのかを以下で検討する。

①　上昇型
研修生 C の事例

　研修生 C は、実務研修開始当初、自身が来日研修に参加することになった経緯について、「自分の仕事に必要ですから、日本に来

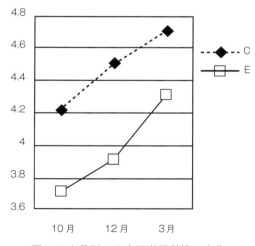

図 6.2 上昇型の日本語学習動機の変化

ました。でも、日本語の学習はあまり好きじゃない」(10月インタ
ビュー)と述べた。Ⅰ期開始前の10月時点では、語彙や文法がな
かなか覚えられないことを問題点として挙げていた。また、「私の
性格は、積極的じゃない、あまり話しません」と述べ、コミュニケー
ションがあまり得意ではないため日本語による会話力が伸び悩んで
いると説明した。

　しかし、Ⅰ期の日本語授業において日本語能力試験の受験準備と
して語彙・文法等の学習に取り組んだところ、Cは自分の実力が伸
びていくのを実感したという。さらに、学習した内容が研修以外の
実生活の場面でも活用できることに気づいたと、Ⅰ期終了時の自由
記述で言及した。

　CはⅡ期の途中で、12月に受験した日本語能力試験での合格を
知るが、それにより、「2級に合格した。自信がもっと強くなった。
学習の意識、増えました」(3月インタビュー)と、日本語学習への
自信とともに日本語学習動機が高まったことを述べている。この間
のCの学習を支えた原動力について尋ねたところ、「自分は、もし
何か始めたら最後までします」と、初志貫徹を重視する自身の行動
価値観とともに、「他の人(研修生)に負けたくない」という同文
化集団である他の中国人研修生に対するライバル意識であると語っ
ている。

　このように、Cは、もともと日本語学習に対する高い関心を持たず、
業務上の必要性から日本語学習を開始したが、日本語学習の過程で
得た学習成果の実感から日本語学習動機を高めていった。それを支
えたのがC自身の行動価値観と、同文化集団内の他者認識であった
ことが示された。

研修生 E の事例

　研修生 E は実務研修での日本語学習開始当初、業務上の日本語スキルの獲得を学習目標として挙げていたが、実際のところ日本語学習への関心は希薄であったという。この点で研修生Eは C とも共通している。その理由として E は、研修への参加そのものに対する本人の自発的な意志はなかったこと、この研修が E にとっては初めての海外生活であり、住み慣れた環境を離れたことによる日常的なストレスや寂しさが大きく、来日直後の講習段階からすでに日本語学習への動機を喪失していたことを述べた。そのような心理的側面に加え、他の研修生と比べて来日前の日本語学習経験が少なく、周囲と比較して日本語会話力が低いと感じたことから、C は I 期開始時、他の研修生たちが日本語能力試験に向けた準備を着々と進める中、「一生懸命勉強します、でも、無理です」（ I 期開始前インタビュー）と、自分の現在の実力への自己評価の低さを述べ、学習動機も低かった。

　しかし、 I 期終了を目前とした頃、大きな心境の変化が起こったことを、 E は次のように述べている。

　　最初は、そう、日本語の勉強、（学習動機が）とても低い。でも、J（先輩研修生）たちが国に帰るとき、私は自分の時間がなくなる、と思います。自分の時間も少なくなる、と思います。彼たちが国に帰るとき、私はとてもそう思います。そのとき、自分の考えることが、もう半年になりました、自分の日本語はまだこんなレベルです、ちょっと恥ずかしい、と思います。その前に自分が感じていたのは、今後の時間はまだ長いと思った。（3月インタビュー）

先に来日し研修を行っていた同所属企業の先輩研修生 J が12月で

研修を修了し帰国を迎えることになったとき、Eは、帰国までに自分に残された時間の少なさを強く実感するようになったという。X社では研修修了時、研修生による社内での成果報告発表の機会が設定されており、上司やその他の研修関係者、後輩研修生たちの前で日本語による1年間の成果報告を行うことになっている。Eは準備と発表に取り組む先輩Jの姿を目の当たりにし、自分は帰国時にJと同レベルになれるのかと自問自答するようになったという。その上で、それまでの自分の日本語学習への取り組みを振り返り、彼らを目標にしてもっと日本語学習に時間を使いたいと思うようになったことを、次のように述べた。

　　Jたちの帰った後、私は本当に急がなければならない（と思った）。
　　（中略）そのとき、私もすぐ国に帰ります、の感じ、あります。でも、
　　半年は早い。早く過ぎる。それで、彼たちが帰ったとき、心配です。
　　JさんとかKさんとか、彼女たちの日本語が私より本当に上手で
　　すので、多分彼女たちは私の目標にして、がんばって勉強しよう、
　　その気持ちがそのときからたぶん、あります。（3月インタビュー）

その後、Ⅱ期の日本語授業において、Eは個人発表等の活動にも主体的に関わるようになった。もともと社交的な性格だったこともあり、日本人同僚の自宅に招かれるなど日本人との交流機会も少しずつ見られるようになった。Jという具体的な目標を見いだしたことが、以後のEの学習を支える原動力となったとEは述べている。このように、Eは研修環境の中で同文化集団内の特定の他者をモデルとして見いだしたことにより、日本語学習動機を上昇させていった。

上昇型の事例に見られる共通点

　上昇型における以上のような研修生 C・E の事例に共通するのは、もともと日本語学習動機は高くなかったこと、また、研修過程において要求された課題の遂行やそれに伴う成果の獲得、同文化集団内の他者認識が日本語学習動機の上昇に大きく関与したことである。このような研修環境の中で自ら見いだした日本語学習動機は、C・E の以後の学習を支えるものとなり、日常的な行動にも影響を及ぼしていた。

　② 維持型

研修生 A の事例

　研修生Aは、研修生としての今回の来日以前にもすでに業務での数度の来日経験があり、日本語による業務上のコミュニケーションの不自由さを母国でも日本でもこれまでに何度も経験していた。そのため、研修前から日本語学習の必要性を強く感じていたと言い、独学で日本語学習を続けてきた。しかし、業務と並行しての独学による日本語学習は思うように進まなかったという。そのため、今回、研修生としての来日が実現したことにより、研修活動の一環として日本語クラスへの参加機会が得られたことは A にとって何より嬉しく、この機会をぜひ有効に活用したいという強い意志を来日当初から抱いていたという。「先生やクラスメートと一緒に日本語で意見交換しながら勉強しました。自分で思わないことも勉強できました」（3月インタビュー）と、授業形態での日本語学習が実現したことを、日本語クラスへの参加に関わる最もよかった点の1つとして挙げた。

　Aは、来日時からすでに日本語による会話力が他の研修生に比べて高く、A自身も、滞在期間中の12月に実施される日本語能力試

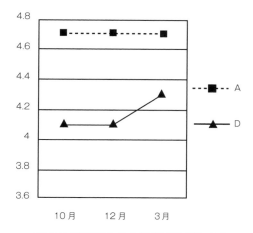

図 6.3 維持型の日本語学習動機の変化

験では1級に挑戦するという高い目標を掲げ、早くから準備を進めていた。しかし、その一方で、会社から合格への期待を強く寄せられていることにプレッシャーを感じていることを、Ⅰ期開始前のインタビューで述べていた。また、研修環境において周囲の日本人の発話が理解しにくいことや、日本語でのコミュニケーション機会が思っていた以上に少ないことを日本語学習上の困難点として挙げていた。しかし、それらによってAの学習動機が下降することはなかった。むしろ、そのような状況の中で時間を見つけては自分でインターネットの日本語のニュースを読んで学習し、理解できない部分を日本人同僚に教えてほしいと頼むなど、自身の日本語学習へのサポートを求めることにより周囲とのコミュニケーション機会を創出する努力をしていたという。Aは、自身の研修の場における日本語のコミュニケーション機会に対しては調査終了時まで「満足ではない」(3月インタビュー)と述べていたが、日本語学習動機は一

貫して安定しており、高い状態で維持されていた。それは、Aによって調査期間中繰り返し言及された、「日本語が上手になりたい」「この機会を有効に使いたい」というA自身の強い意志によるものであり、II期終了時まで一貫していた。

研修生Dの事例

研修生Dは来日前から日本語学習に関心があり、業務上の必要性からも日本語習得への願望が強かったというが、その背景には、Dが母国で日本側と共同の開発プロジェクトに関わっていたという経緯があったという。Dは自分にとっての日本語学習の位置づけについて、「日本語ができれば、帰国後、仕事でチャンスが増えます。また来日する機会も増えるし、他の仕事もできる。それがなかったら、これからもただソフトを開発するだけ」と語り、日本語を習得することによって自身の担当できる業務の範囲が拡大すると考え、強い日本語上達志向を所持していた。

Dは、実務研修開始後、母国にいる時から関わってきたプロジェクトに配置され、日本側として研修を行うことになる。しかし、この時期、プロジェクト内は開発している製品の納期が迫り、慌しく、すでにこのプロジェクトでの業務経験を持つDは、母国との連絡役を担うこととなり、忙しさとストレスに悩まされるようになった。Dは周囲の日本語が十分に理解できず、日本語学習の必要性を強く感じるものの、疲労から十分な学習時間が確保できなくなっていくことに不安と苛立ちを募らせ、「忙しくて、自分の勉強があまりできない」と繰り返し述べていた。

I期において他の研修生が日本語能力試験の準備を進める中、Dは学習時間の確保がますます困難となり、学習にも遅れが出始める。体調を崩したこともあって、生活指導担当のW氏とも面談を重ね、

納期が過ぎるまで一時的に日本語学習を休み、研修に集中するよう勧められるが、Ｄは「日本語学習は絶対に続ける」と答えたという。Ｄは中国での所属企業の上司に相談し、日本語学習への理解を求め、状況改善のための調整を試みるが、納期までは不可能であるとの回答を得た。

　納期を過ぎ、Ⅱ期以降は体力も回復し、十分な日本語学習時間を確保することが可能となった。また日本語授業においてディスカッションや個人発表など口頭発表を中心とした実践的な活動が中心となったことで、「日本語の授業は、私のやりたい勉強と同じ。先生は、私の知りたいことをよく話しました」（3月インタビュー）と述べ、自分の関心やニーズとクラスでの学習内容が一致したことから、学習にも関心を持って積極的に取り組んだという。その結果として日本語能力が向上したとの実感を得たことから、Ⅱ期終了時には日本語学習動機が上昇したと述べた。

維持型の事例に見られる共通点

　研修生Ａ・Ｄの事例に共通していたのは、研修生としての来日前から日本との業務経験があり、その業務経験を通して日本語が業務に必要不可欠なツールであると強く認識されており、明確な日本語学習動機を所持していたことである。日本での実務研修自体がＡ・Ｄにとってスキル・アップや将来の可能性を切り拓く機会として明確に位置づけられており、この機会を有効に使いたいという意志が強かった。

　このような強い日本語学習動機があったからこそ、Ａ・Ｄとも、日本語学習が思い通りに進まない困難な状況に陥っても日本語学習動機自体が下降することはなかった。本調査における維持型の事例からは、たとえ学習過程において学習困難な状況であっても、研修

生自身の強い意志があれば、外的要因によって影響を受けることなく、日本語学習動機が維持されることが示された。

③ 下降型

研修生Fの事例

　研修生Fは実務研修開始時において日本語学習動機が高く、10月時のインタビューではその理由として、所属企業内に日本での研修を修了した社員をはじめ日本語能力を有する社員が多く、そのような中で自分だけが日本語ができないと恥ずかしいと強く感じて来日研修への参加を希望したことを述べた。また、日本語学習への関心はFの個人的な理由もあったという。それは、いつも英語でコミュニケーションしている日本人の友人がおり、その友人と日本語で話せるようになりたいこと、また、日本のアニメに強い関心を持って

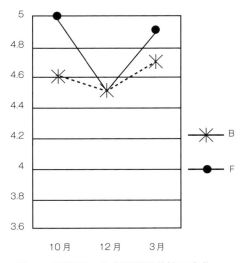

図 6.4 下降型の日本語学習動機の変化

いることなどであり、日本語学習動機が業務上の必要性に限定され
ないものであった。

　来日直後の講習は、Fにとって「楽しかった」と感じるものであり、
自身の研修成果に対しても高い満足感を得ていた。クラスメートや
教師との出会いにも恵まれ、自身の過去の英語学習経験も相俟って、
実務研修開始当初、Fは日本語がきっと上手になれるだろうという
期待も高かったという。しかし、実務研修開始以降、日本語学習は
思うように進まなくなった。まず、研修における技術習得に関わる
比重が大きくなったため、来日直後の講習時のように日本語学習に
集中できる時間の確保が困難になり、日本語の上達の速度が急速に
低下したと感じるようになった。このことについて、Fは、次のよ
うに述べている。

　（来日直後の講習の時）、日本語の勉強時間が今より長いです。そう、
　時間が長く、いつも日本語を話します。でも、今はいつも事務所
　で仕事の時間が長いですね。ときどきセンター（宿泊施設）へ帰
　るとき、話したくないです。そして、長い時間で上手になります。
　（3月インタビュー）

Fはこのように、研修での日常的な疲労やストレスから、「帰宅し
てからは誰とも話したくない」（12月自由記述）状態に陥ったという。
また、Fは休日、同所属企業からの先輩研修生らと行動を共にする
ことが多かったが、Fよりも滞在が長く日本語使用に慣れた彼らと
の日本語力の差から、自分だけが日本語による会話場面に加われな
いとしばしば感じたという。さらに、Fの実務研修の場では日本語
によるコミュニケーション機会が少なく、自身の日本語会話力が伸
びない上、日本語力の低い自分がゆっくり話すと最後まで待っても

らえないことがよくあると述べた。

　このような環境の変化に伴う困難さに加え、Ⅰ期の日本語授業での学習内容は日本語能力試験対策中心であったため、Ｆが期待していた実用的な会話練習の機会が授業の中ではほとんどなかった。元々日本語コミュニケーション力の向上への関心やニーズが高かったにもかかわらず、Ｆは、研修現場でも日本語授業でもそれらが満たされないと感じ、このことから、Ⅰ期終了時には日本語学習動機が低い状態であると述べた。

　しかし、Ⅱ期以降、先輩研修生が帰国し、Ｆは単独で行動する機会が増えた。「先輩たちが国へ帰った後、私はいつも自分で東京都内で遊びます。自分で（一人で）遊びます。いつも日本人と遊びます。あとで聞き取りの能力が上がります」（３月インタビュー）と述べている通り、Ｆは社外での日本人ボランティアとの交流を通して積極的に外出し、日本語によるコミュニケーション機会を持つようになった。また、実務研修の場においては、研修内容の複雑化に伴い、日本人上司やトレーナーなどと相談しながら作業を進める機会が必然的に増えた。さらに、Ⅱ期の日本語授業では口頭発表・意見交換などの活動が中心となり、授業内容が日本語のコミュニケーション力を高めたいという自身のニーズと一致していると感じ、積極的に取り組んだ。Ｆは自分の日本語学習をこれまで支えたのは、「日本語が上手になりたいという気持ち」（３月インタビュー）であったと述べている。

　このように、Ｆはもともと高い日本語学習動機を持っていたにもかかわらず、研修環境において複数の外的要因の影響を受け、日本語学習動機の維持が困難になったものの、状況の変化とともにそれらのマイナス要因が取り払われたこと、また、自らも問題を解決するために積極的に行動したことから、日本語学習動機が再び上昇し

たことを述べた。

研修生 B の事例

　研修生Bも、調査期間中、Fと同様の日本語学習動機の変化を示している。Bは、実務研修開始当初、日本の先進的技術には関心があるものの、日本語学習に対する関心はあまりなく、自分の中で「資料やメールを読んで理解できればいい」という程度の低い目標設定を行っていたという。しかし、来日後、次第に日本語学習に動機づけられていった様子を、次のように述べている。

　　日本に来て、日本語のこと下手だから、日本人とコミュニケーションできないで、とても困りました。（中略）いろいろな日本語の勉強したら、日本語に対して、自分も興味をもって、興味が増えていました。（中略）自分のその日本語の勉強、すれば、自分の勉強したいの感じ、増えています。もっと勉強したら、自分の足りないの内容、ところは自分で了解できます。それで、自分の不足のことを勉強したい、もっともっと。（3月インタビュー）

Bは、Ⅰ期における日本語能力試験のための勉強も「楽しかった」と言い、学習した知識が実務研修の場でも実生活でも役立つことを強く実感したという。しかし、Bの研修現場では日本語による日本人社員とのコミュニケーション機会は極めて少なく、「12月の前にずっと仕事はソフトを作りました。日本人と話すチャンスとか、資料を作るチャンスとか、少ないです」（3月インタビュー）と述べ、中国人研修生同士で中国語で会話するのみで、日本人同僚らと退社時まで話す機会がなかった日もあったという。そのため、Ⅰ期終了時、日本語学習動機は下降し、その理由として研修の場での日本人

とのコミュニケーション機会が少ないことを挙げ、その後もたびたび訴えていた。

　しかし、II期開始以降と同時期に、Bは実務研修において上司に毎週提出することになっている研修報告書を通して、日本人同僚らとのコミュニケーション機会の増加を要望するなど、自分ができる働きかけを試みるようになったという。Bにこのような積極的な行動を起こさせ、日本語学習を継続させたのは、自身の目標達成志向であるという。インタビューの中で、Bは、以下のように述べている。

　　自分でその知識とか、日本語とか、勉強の内容はもっともっと増えたら、自分のレベルは正しい評価、できます。それで、自分の不足のこともよく了解します。これ、中国語は、「学得越多、就知道自己不知道的還很多」。(学べば学ぶほど、自分が知らないことがまだたくさんあるということがわかる)。以前はたぶん、10月の前より自分で少し日本語の上手になりました。でも、そのときは自分は嬉しい感じなので、でも、もっともっと勉強したら、自分で自分のできないことは、了解できます。自分のなりたいの目標は、もっと高くなる。(3月インタビュー)

また、研修の場での日本語によるコミュニケーションには限界を感じ、Bは別の研修生を誘って社外の日本人ボランティアとの交流を積極的に行うなど、視点の転換を行い、行動を起こしている。最終的には、研修期間中、Bの期待に沿うような豊かな日本語コミュニケーション機会が研修の場で創出されることはなかったが、自分の身近な日本人とは、日本語で良好な関係が構築できていると認識できたため、日本語学習動機は回復したという。特に、II期以降、研修生の生活指導担当のW氏や日本語教師との交流機会が増え、B

は両者に対し、単なる指導者・支援者というより、親しい「友人」に近い存在であると認識できたことが大きいと述べた。

　このようなBの日本語学習過程を支えたのは、「1つのことができるようになったら、さらに他のこともできるようになりたい」という目標達成志向と、「他の人、特に一緒に来た同じ所属企業の同僚たちに負けたくない」という同文化集団の他者に対するライバル意識であると言う。このような強い意志と向上心が、日本語学習を困難だと感じさせる環境にあってもそれを克服しようとするBの行動に結びついていたものと考えられる。

下降型の事例に見られる共通点

　以上のような研修生B・Fの事例に共通するのは、実務研修過程において日本語使用機会の少なさをはじめとした要因により日本語学習動機が下降したが、決してその状態にとどまることはなかったことである。状況の変化に伴い、また、自らも問題解決のために周囲への働きかけを行ったり、積極的に行動したりすることによって、自ら日本語学習動機を回復させていった。

（3）3つの変化のパターンからの検討

　以上、実務研修における研修生の日本語学習動機の変化とともに、研修生自身によって認識された関連要因について、日本語学習動機の変化のパターンごとに検討した。各研修生によって言及された調査開始時から終了時に至るまでの日本語学習動機の変化と認識された関連要因をまとめたものが、図6.5、図6.6、図6.7 である。一連の結果から、以下のことが明らかとなった。

　まず、各研修生は、実務研修過程において日本語学習に取り組む

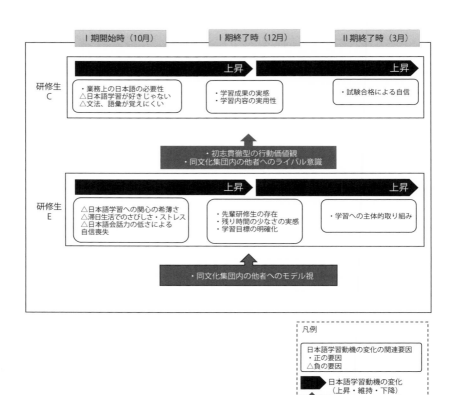

図 6.5　上昇型の日本語学習動機の変化と関連要因

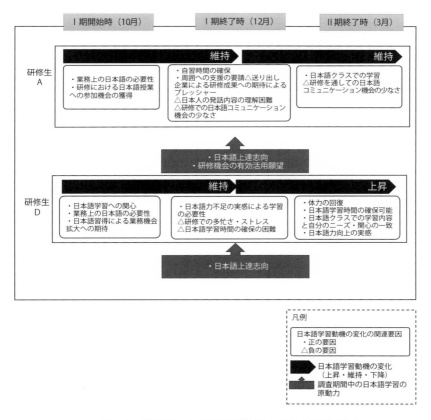

図6.6　維持型の日本語学習動機の変化と関連要因

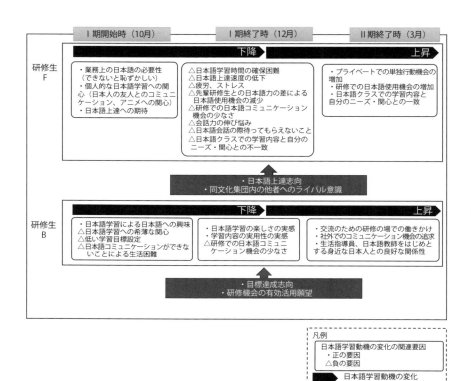

図6.7　下降型の日本語学習動機の変化と関連要因

中で、日本語学習に困難を感じる複数の経験をしていることが明らかとなった。それらは例えば、研修生として日本で生活するさびしさやストレス（研修生E）、期待して臨んだ研修における日本語コミュニケーション機会の少なさ（研修生A、F、B）、日本人の発話内容の理解困難（研修生A）、多忙さによる学習時間確保の困難（研修生D、F）、クラスでの学習内容と自分のニーズや関心との不一致（研修生F）、学習上の伸び悩みや自信喪失（研修生C、E、F）等である。ここには、研修環境という社会的文脈が大きく関与している。自分では制御できない日常的な多忙さや疲労、研修環境における日本語使用機会の少なさなどが、研修生にとって日本語学習を困難にさせる負の要因として認識されていた。

　このような日本語学習に不利な状況を経験することによって日本語学習動機が下降した研修生BやFのようなケースも見られたが、一方で、研修生A、C、D、Eのように、負の要因が認識されても、その影響を受けることなく日本語学習動機が維持されたり、上昇したりしていたことは注目すべきことである。また、BやFのように日本語学習動機がいったん下降しても、時間の経過とともに回復するケースも見られた。この背景として、各研修生が自身の日本語学習の原動力となるものを明確に認識しており、それらによって長期的な日本語学習が支えられていることが本調査の結果から明らかとなった。それらは仕事で必要不可欠な日本語を身につけ将来の可能性を切り拓きたいという業務と関連づけられた明確な日本語上達志向（研修生A、D、F）、二度とないこの研修機会を有効に使いたいという研修機会の有効活用願望（研修生A、B）、学べば学ぶほどもっと学びたくなるという目標達成志向（研修生B）、初志貫徹型の行動価値観（研修生C）などである。また、同じ研修生の誰にも負けたくないというライバル意識や、先輩研修生のようになりたいという

モデル視など、同文化集団内の他者認識（研修生C、E、F）が、研修生の日本語学習を支える強い原動力となっていることも示された。

桜井（1997）は、内発的学習意欲を支えるものとして、有能感・自己決定感・他者受容感があり、他者から受容されているという他者受容感ないしは Deci & Ryan（1985）でいう関係性（relatedness）が重要な役割を果たしていると述べているが、本調査において同文化集団内の他者認識が日本語学習動機を支える役割を果たしていることは、研修という社会的文脈を考慮した時、特徴的な点であると言えよう。ここには、各研修生が送り出し企業内において抜擢され来日研修の機会を得ていることや、来日研修での習得内容が将来の可能性の拡張にも繋がるという研修生特有の状況が反映されていると言えるのではないだろうか。

また、本調査対象者である研修生の語りからは、研修生自身が自分の置かれた状況を分析し、問題解決に向け方法を模索し行動に移していることが明らかとなった。例えば、研修生A は、研修環境において日本語でのコミュニケーション機会が少ない状況の中で、自分でニュースを読み、理解できないことを日本人同僚に教えてほしいと頼むことで、自ら同僚とのコミュニケーション機会を創出している。研修生B も同様に、繁忙期は一日中日本人同僚らと話す機会がない状況にあったものの、時機を見て自らコミュニケーション機会を増やしたいとの要望を上司に提出したり、社外の日本人ボランティアとの交流に日本語でのコミュニケーション機会を見いだそうと積極的に行動を起こしたりしている。このような行動は、本調査対象者である研修生が実務研修過程において自律的に日本語学習に取り組んでいることを示すものである。

Ushioda（2001:120）は、効果的な動機づけの思考とは、経験の肯定的な要素や肯定的な誘因に焦点を当て、経験の否定的な要素を強

調しないことによってその構造を維持することであると述べている。その上で、学習者は情意的な学習経験をコントロールすることで外国語学習過程における長くつらい経験に立ち向かっているのだと言う。Ushioda の研究はアイルランドの大学でフランス語を学ぶ大学生の学習動機の長期的な変化に焦点を当てたものであり、社会的文脈が異なる本研究対象者にそのまま当てはめることはできない。しかし、本調査対象者である研修生もまた、自らの研修環境の中で肯定的な側面に目を向け、自己を動機づけ、日本語学習に取り組んでいることが明らかとなった。

注

1　本章における調査対象者は、第4章・第5章における対象者の一部である。
2　OPI とは、牧野他（2001）によれば、ACTFL Oral Proficiency Interview のことであり、口頭能力測定試験である。日本語の OPI は日本語の口頭能力測定のために用いられる。本調査でもこれを用いた。
3　Ⅰ期とⅡ期の間には年末年始の休暇をはさむこととなったが、Ⅰ期終了時とⅡ期開始時の間に研修環境・日本語学習動機に関わるそれほど大きな変化はないものと考え、Ⅱ期開始時に改めてデータ採取を行うことはしなかった。

第**7**章

総合的考察

本研究では、日本国内の企業において実務研修を行う中国人研修生の日本語学習動機とその変化、またその関連諸要因について、研修という社会的文脈を考慮に入れ研修生自身の認識の観点から検討してきた。本章では、第1節で研究成果の概要を述べ、第2節で研修生の日本語学習動機と関連要因およびその変化について論じ、第3節では研修生を長期的に支える日本語習得支援について検討する。その上で、第4節では、今後の課題を述べる。

1．研究成果の概要

本研究の第1章から第3章までは文献研究を行った。第1章では、日本における外国人研修生・技能実習生の受け入れ動向について概観し、研修・技能実習における日本語の位置づけと日本語習得支援をめぐる問題を、受け入れ側・研修生側の双方から検討した。研

修および技能実習制度は、社会背景の変化とともに形を変え、現在
に至っているが、日本語は研修や技能実習における重要なコミュニ
ケーション・ツールとして位置づけられていることに変わりはない。
しかしながら、研修・技能実習における長期継続的な日本語教育支
援の実施については、実施するかどうかも含め受け入れ側に一任さ
れており、技能習得と日本語習得が切り離された形で存在すること
が示された。また、研修生・技能実習生が実務研修過程で日本語学
習に対して関心や意欲を持って学習に取り組めるかどうかは、個人
要因とともに、研修環境によっても大きく左右されることが示唆さ
れた。

　第2章では、言語学習動機のこれまでの研究を概観した。英語を
中心として蓄積がなされてきた言語学習動機の研究は、社会環境に
焦点を当てた研究から始まり、教育場面へとその関心が移行し、心
理学等の近接領域からの知見を広く取り入れることで今日まで発展
を遂げてきたことを述べた。これらの研究を基礎として、日本語学
習動機の研究は1990年代以降、徐々に蓄積がなされてきたが、大
学や日本語学校で学ぶ留学生を対象としたものが大半を占め、そ
れ以外の日本語学習者を対象とした研究は進んでいない現状を述べ、
日本語を必要として学習する人が多様化する中、対応した研究が今
後求められることを提示した。

　第3章では、本研究の関連概念である原因帰属理論及びコミュニ
ティ心理学の基本理念について概観し、その上で、本研究の位置づ
けを述べた。原因帰属理論は言語学習動機との関連も深く、これま
でにも質的手法による複数の研究が行われてきたことを述べた。ま
た、異文化間支援を検討する上で有効な、コミュニティ心理学的ア
プローチを取り入れて行われた日本国内の外国人を対象とした研究
を概観した。その上で、本研究では、中国人研修生を対象とし、実

務研修における日本語学習動機とその変化に関わる要因を、研修という社会的文脈を考慮に入れて研修生の認識の観点から解明するとともに、研修生の日本語習得に対する支援をコミュニティ心理学的観点から検討するという点が特徴的であることを提示した。

　第4章から第6章では、日本国内の企業において高度技術の習得を目的とし研修を行っている中国人研修生を対象とし、実務研修過程における日本語学習動機と研修環境の認識に焦点を当てて調査研究を行った。まず、第4章では、実務研修開始時点での中国人研修生にとっての日本語習得の位置づけと日本語学習動機とともに、動機の生起に関わる要因を明らかにするため、質的手法を用いて調査・分析を行った。その結果、対象者である研修生は、来日後の研修の中で日本語の習得を専門知識の獲得と並ぶ重要な研修対象として位置づけて研修に参加しており、実務研修以降も明確な学習目標や多様な日本語学習動機を所持しながら日本語学習に取り組もうとしていることが明らかとなった。そのような研修生の日本語学習動機の生起には、来日前の業務を通しての日本語母語話者との接触経験や、同所属企業内の同国人の研修修了生や日本語習得者の存在など、同文化間・異文化間の他者の認識が密接に関連することが明らかとなった（研究1）。

　第5章では、原因帰属理論を援用し、実務研修過程における日本語学習成果と帰属要因を、研修という社会的文脈を考慮に入れて研修生の視点から明らかにすることで、実務研修過程における日本語学習動機と関連要因の検討を行った。その結果、研修生は学習の成功・失敗とも、情意要因、研修環境要因、授業・インストラクションなどに帰属させる傾向が顕著であり、これらの要因が実務研修過程における研修生の日本語学習の上で重要な役割を果たしていることが明らかとなった（研究2）。

　第4章（研究1）、第5章（研究2）の結果を受け、第6章では、実務研修過程における研修生の日本語学習動機の変化と、変化に関わる要因の認識について、研修生自身の観点から経時的に調査を行い検討した。その結果、対象者である研修生は、実務研修過程において日本語学習に取り組む中で、研修環境における日本語使用機会の有無や多忙さなど日本語学習に困難を感じる様々な状況を経験していることが明らかとなった。しかし、そのような困難によって日本語学習動機が必ずしも下降するとは言えず、その背景には研修生自身の中に日本語学習過程を支える原動力となる要因があり、それによって自らの研修環境の中で肯定的な側面に目を向け、学習を継続していくという動機づけの様相が明らかとなった（研究3）。

2．研修という社会的文脈における研修生の日本語学習動機及び関連要因の検討

　本研究の目的は、日本国内の企業において実務研修を行う中国人研修生を対象とし、実務研修過程における日本語学習動機とその変化とともに、そこに関わる要因を、研修という社会的文脈を考慮に入れ研修生自身の認識の観点から明らかにした上で、実務研修過程における日本語習得支援を検討することである。第1章で述べたように、日本国内において研修・技能実習を行う人々を対象とした支援における1つの問題点は、実務研修において日本語がコミュニケーション・ツールとして必要不可欠であるものの、長期にわたってその習得を支えるシステムが確立していないことである。その理由は、時間的、経済的な問題に加え、研修生の日本語習得意欲の欠如などとされている。そのため、本研究では、個々人に焦点を当て

ることが可能となる質的手法による調査・分析を通して、対象者である研修生の日本語学習動機の様相を明らかにしようと試みた。また、その日本語学習動機の生起や維持・上昇・下降に関わる要因を、研修という社会的文脈から検討した。本節では、本研究から明らかとなった研修生の日本語学習動機と研修環境に関わる要因について取り上げ、考察を行う。

（1）研修生の日本語学習動機と関連要因の検討

　まず、実務研修開始時においては、研究1の結果から、本研究対象者の多くが自己決定的・自発的に来日研修への参加意志を固めており、研修過程において日本語習得を技能の習得と並ぶ重要な習得対象であると位置づけていること、また、多くの研修生が業務と関連づけた日本語学習動機を持っていることが明らかとなった。これらの日本語学習動機の生起の背景には、来日前の業務を通しての日本語母語話者との接触経験や、同所属企業内の来日研修修了生や日本語習得者の存在など、同文化間・異文化間の他者に対する認識が密接に関連することが明らかとなった。

　また、実務研修過程における日本語学習動機に関しては、研究2の結果から、来日後の実務研修において、研修環境要因、授業・インストラクションや、協力的な他者の有無などが研修生の日本語学習動機と密接に関連する可能性が示された。研修環境における日本語使用機会や協力的な他者の有無は、研修生にとって日本語の有用性を認識する重要な要因であり、そのことが日本語学習動機の維持や下降とも深く関連する。また、実務研修過程を通して研修生の日本語習得を支える日本語授業の存在は研修生にとって重要な意味を持ち、学びの機会があることやそこでの学習内容自体が日本語学習

動機にも直結している。

　このような研修生の日本語学習動機は、常に一定であるわけではなく、長期にわたる実務研修において環境との相互作用の中で変化する。研究 3 の結果からは、研修過程で日本語学習動機にも影響を及ぼすような多くの困難を各研修生が経験していることが示されたが、そのような困難によって日本語学習動機が下降するケースがある一方で、一時的に下降した動機が回復するケースや、困難な環境要因の影響を直接的に受けることなく動機が維持される様相が明らかとなった。その上で、長期にわたる日本語学習動機の維持・上昇には、研修生自身による業務と関連づけられた明確な日本語上達志向や、学びを通しての目標達成志向、研修機会の有効活用願望とともに、同文化集団内の他者に対するライバル意識やモデル視があることが示された。

　このように、学習者が長期的な学習過程において自らを動機づけ、言語学習と向き合い、学習を継続していくことは、Ushioda（1996; 2001）でも述べられている。肯定的な学習経験や学習成果が強い動機づけに繋がるだけでなく、否定的な経験もまたその後の学習への動機づけとなるのであり、そこには、学習に直接的に関連する要因とともに学習者の個人的な経験等も要因として関わっているという。その上で、動機づけとは学習者が第二言語に関わる経験の中で出来事をどのように捉え解釈するか、また、学習状況や信念が学習にどのように関わるかという過程である、と Ushioda は述べている。

　本研究の対象となった研修生も、実務研修を行う中で多様な経験をしながら日本語学習を行っており、それが日本語学習動機とも結びついていることから、研修過程のある一時点のみを見て、学習意欲がある・ないと決めることはできないことは明らかである。実際、第 6 章で示したように、研修開始時点では自発的・自己決定的に来

日研修への参加を決めたわけでなく日本語学習に対して明確な動機づけがなくても、研修過程で他者の影響を受け、学習への目的を明確化していった事例もある。実務研修開始時点で研修生に日本語学習動機が見られないことを長期継続的な日本語習得支援を取りやめる理由にする前に、研修生が研修過程を通して日本語習得に向き合うことができるような支援のあり方を検討することが必要ではないだろうか。

（2）日本語学習動機に作用する異文化間および同文化間接触による他者認識

　以上のような研修生の日本語学習動機と関連要因の中で、実務研修前から研修中のすべての段階にわたって日本語学習動機に密接に関連するものとして言及されていたのは、他者に対する認識であった。具体的には、1）来日前の同所属企業内の研修修了生や日本語習得者（研究1）、2）日本で同時期に研修を受けている研修生（研究2、3）、3）同所属企業の先輩・後輩研修生（研究1、3）、4）来日前に業務を通して接触した日本人（研究1）、5）研修における日本人同僚・上司（研究2、3）、6）研修生の生活指導担当者（研究2、3）、7）日本語教師（研究2、3）、8）社外の日本人ボランティア（研究3）である。このような他者に対する認識は、研修生から見て1）～3）のような同文化間接触による他者認識と、4）～8）のような異文化間接触による他者認識に分けられる。

　まず、同文化間接触による他者認識に関しては、来日前、日本語を業務で使いこなす同所属企業内の中国人社員や日本での研修を修了して帰国した研修修了生に対し、自分もそのような能力を身につけたい、その仕事に関わるような機会がほしい、それができないと

恥ずかしいと感じるなど、他者との比較によって生じる羨望や焦燥感が来日研修参加への契機となっていることが研究1から示された。また、実務研修過程においては、同じ時期に共に研修を行っている他の研修生に絶対に負けたくないというライバル意識や、研修修了間近の先輩研修生に対し、自分も同様の能力が身につけられるのだろうかと疑問を持ち、そうなりたいと考えたことが日本語学習動機を強く明確にしたというモデル視など、同文化集団内における他者認識が日本語学習動機の生起に深く関与していることが研究2、3を通して示された。

　このような同文化間接触による他者認識が日本語学習動機に繋がる可能性は、文野（1999）や飯塚（2005）でも報告されている。文野（1999）は、同国出身で大卒の学歴があり大学で日本語を主専攻とした年下の友人に対しライバル意識を抱くことが、調査対象者である留学生N に日本への留学および4 年制大学への進学等を決意させた事例を報告している。また、日本語学校に通う留学生を対象とした飯塚（2005）でも、同国人の先輩やアルバイト先の客などとの関係が動機づけに繋がる可能性が指摘されている。本研究の結果をこれらとも照らして検討すると、日本語学習動機の生起・維持には、同文化間の他者の存在への認識が強く関与することが明らかである。

　一方、異文化間接触による他者認識に関しては、来日前の業務において意思疎通が十分にできなかった提携企業の日本人との接触経験や、来日後の研修の場における日本人同僚・上司とのコミュニケーション上の問題や交流経験の有無、生活指導担当者や日本語教師との良好な関係、社外ボランティアとの接触経験などが挙げられる。来日前の業務を通した日本人との接触経験は、来日研修にあたっての「自発性」あるいは「自己決定性」とも関連する上に、日本語学

習への明確な動機づけにも繋がっている。このような経験がなけれ
ば、来日後の実務研修において、明確な意義づけができないまま技
能習得とともに日本語学習を行っていくことになる。また、来日後
の研修環境における日本語使用機会や交流の有無は、研修生にとっ
て日本語学習動機に直結しやすい。本研究2における「協力的な他
者」の存在が示すように、研修の場において、日本人同僚や上司か
ら適切な言語的配慮・理解が示されたり、日本語による交流機会の
提供や日本語学習への協力が得られたりすることで、研修生は学習
による進歩や不足を感じながら日本語学習動機を維持・上昇させた
り、新たな動機を生起させたりすることが可能となるだろう。

　林（2005）は日本語学習者は日本語のレベルに限らず、学習の際
に最もほしいものとして日本人あるいは日本語母語話者との接点を
挙げていると述べている。特に、中・上級者は日本語で話すことの
重要性を意識していると考えられ、一方、初級者は自身の母語を解
する人を通して、日本社会に参加する糸口を求めていると考えられ
るという。このことからも、受け入れた研修生にとってのよりよい
研修環境の構築のために、日本語による接触・交流の機会をどのよ
うに提供していけるのかを、受け入れ側は十分に考慮に入れる必要
があろう。

　以上のように、日本において実務研修を行う研修生の日本語学習
動機の生起・維持には、同文化間・異文化間接触による他者認識が
重要な役割を果たすことは明らかである。日本語教育の観点からの
支援を検討する際、同文化間・異文化間での他者との接触機会をよ
り多く創出できるよう、研修生自身にも働きかけると同時に、送り
出し側・受け入れ側の双方に対しても働きかけ、理解を求めていく
ことが必要であると言えよう。

3．実務研修における研修生の日本語習得
   支援に向けて

　本研究の知見を踏まえ、実務研修過程において研修生が技能の習得と並行して日本語学習を継続していけるような支援的環境をどのように創出していけばよいだろうか。ここでは、本研究で明らかになった日本語学習動機の関連要因や同文化間・異文化間接触の他者認識を考慮に入れ、コミュニティ心理学的アプローチの視点を取り入れつつ検討を行う。

　第3章でもすでに述べたように、コミュニティ心理学的アプローチの特徴は、被援助者に対する支援を考える際、多様性を尊重しながら、個人と環境の双方に働きかけ、その交互作用を促し、その人本来の強さを引き出しながら支援していくことである。具体的には、まず、被援助者（研修生）と環境とを切り離すのではなく、被援助者（研修生）を社会的文脈（研修環境）の中の存在として捉え、被援助者（研修生）と環境との双方に働きかけることでその相互作用から変革をもたらすことを目指す。また、日本語教育の観点から援助を行う援助者は被援助者である研修生のコミュニティを傍観しそのシステムに評価を下すのではなく、援助者がそのコミュニティに身を置き、被援助者を含めて協働で変革を目指す。さらに、実務研修過程において成長や心理的変化が大きいと考えられる研修生に対し、その変化に対応しつつ柔軟かつ成長促進的に関わる。このような点から、実務研修において研修生が日本語学習動機を維持しながら日本語学習を行うための支援として、どのようなことが提案できるかを述べたい。

(1) 来日前段階

　まず、来日前の段階では、各研修生の中で日本での研修や日本語習得の意義、目的が明確となり、自発的・自己決定的な来日研修参加ができるような状況を創出する必要があろう。来日前段階の事前準備として、ひらがなや簡単な挨拶等の習得のための事前研修が行われているというケースはしばしば耳にする。Y社においても、来日が決まった研修生に対し、通訳業務にあたる中国人社員が基礎的な日本語指導を行う機会などが設けられていたという。ただ、来日前段階においては、言語知識的なサポートのみならず、本研究の知見から、文化間接触を活かした支援を行うことが、日本語学習の明確な意義づけや日本語学習動機の生起には有効であると言えよう。例えば、日本の提携企業との共同プロジェクトに参加させ日本人との接触経験を持たせることで、コミュニケーション・ツールとしての日本語の必要性を実感させる機会を創出することができよう。

　また、同文化間接触としては、来日研修の修了生とともに業務を体験させたり、修了生が習得した日本語を駆使して活躍する研修修了生の姿が見られるような機会を提供したりすることで、業務における日本語習得の必要性・有用性を感じることができ、将来の目指すべき自己像の明確化・具体化に繋がることも考えられる。これは、第2章でも述べたDörnyei（2005）のL2理想自己にも繋がるものであると言えよう。

(2) 来日後の実務研修開始以降

　また、実務研修開始以降の段階では、研修環境においてより多くの日本語による接触機会が創出されることである。本研究から明らかとなったように、マイノリティとしての日本語使用不安や異文化理解に伴う困難さはマジョリティであるホスト社会の人々には理解

されにくい。そのため、日本語教育を通して支援に関わる際、ホスト側である研修生を受け入れる職場の日本人社員に対し、研修生の置かれた状況を説明し、日常的な研修の中に日本語使用機会を組み込んでいくための協力を働きかけることが必要である。これにより、異文化間接触を活かした相互理解が促進されるような仕組みを作ることが可能となるであろう。

　一方、研修過程における同文化間接触としては、研修中の先輩研修生や、すでに帰国した研修修了生とのネットワーク構築を視野に入れ、良好な関係が構築できるよう支援を行うことが考えられる。本研究3で示された先輩研修生へのモデル視のように、同文化間の他者認識により研修生の日本語学習動機が影響を受ける可能性は高い。また、研修生同士の間で根強いライバル意識についても、このような意識を活用することができれば、研修生同士が相互に高め合い、共に目標到達を目指せるようなコミュニティの構築にも結びつくであろう。

　このような中で、研修過程を支える日本語授業もまた重要な役割を果たすものとして位置づけていくべきである。実務研修過程において日本語授業があること、日本語学習が長期にわたって継続できること、そこで日本語教育を専門とする者の指導を受けられること自体が研修生の日本語学習動機に直接的に結びついていることが、研究2より明らかとなっている。そのため、まずは研修生が希望すれば定期的に参加できる日本語学習の場があることや、学習自体が保障されることが重要である。そのような目的の下での日本語授業は、単に言語的知識の習得のみに焦点が置かれるのではなく、研修生が実務研修において日常的に感じる疑問点や異文化間接触における困難などが持ち込めるような場であることが不可欠である。日本語習得支援に関わる者は、学習者によって持ち込まれるそのような

問題を研修生とともに検討し解決に結びつけていくことができるような信頼関係を構築していかなければならない。また、研究2でも示されたように、日本語授業における学習内容が実務研修の場での研修生と日本人とのコミュニケーションの際の話題作りにも繋がっていることから、クラス内で取り上げる話題に関しても、社会の動きや比較文化的観点を取り入れ、学習者である研修生と支援者がともに対話を通して検討していくという方法も有効であろう。

(3) 来日前段階から帰国後までの継続した支援に向けて

本研究においては、研修生の来日前段階や、帰国後の段階までを追跡するには至らなかったが、来日研修前の段階から帰国後の段階までを視野に入れた一貫した支援が行われることが日本語学習動機の生起・維持の支えとなることに疑いの余地はない。研修修了・帰国後、日本で習得した技能や日本語を駆使して業務において活躍できる機会が提供されることはもちろんであるが、帰国した研修修了生が日本での研修経験から学んだことを活用し研修希望者や研修予定者を支えていけるような、循環的な役割を果たしていけることが理想である。そのことが、帰国後の研修修了生自身のさらなる日本語学習動機の維持にも結びつくであろう。

このような来日前から帰国後までの継続した支援を実現するには、それを支え得る支援者間の連携が不可欠である。箕口（2001a）はコミュニティ支援にはキーパーソンへの啓発・教育活動が支援ネットワークの形成の上で重要であると述べている。本調査を行ったX社では、研修生の生活指導に当たるW氏が、送り出し企業・研修生受け入れ現場・各研修生の状況を常に把握し、研修生からの信頼も極めて厚かった。日本語教育を通して支援に関わった筆者もW氏を通して各研修生の多くの情報を得ることができ、その情報から

研修生にとって必要な日本語習得支援や学習内容を検討し、日本語授業での研修生の様子等を現場とも共有することが可能となるなど、W氏がネットワーク形成の中心的役割を果たしていた。このように、W氏のようなキーパーソンと日本語教育に関わる状況を情報として共有することは、支援として何ができるのかを検討する上でも大いに有効である。

　以上のような連携した支援が実現され環境が整っても、すべての研修生にとって有効な支援になりうるとは限らない。コミュニティ心理学的アプローチでは、研修生自身・研修環境の双方に働きかけていくことが重要であるが、各研修生が日本語習得のために自分にとって有効な学習環境を自ら切り拓いていけるよう、学習過程に寄り添い、継続して必要な助言を行っていくことも有効である。本研究では、研究3において、各研修生が抱える個別の困難の状況や、その解決のために自ら環境に対して行動を起こす複数の研修生の様子がインタビューによって明らかとなったが、研修生との個別の面談機会を通して状況を把握していくことは重要な手がかりとなる。Ushioda（2001）は、外国語学習者が自己を動機づけながら学習を進めていく過程を明らかにした研究の中で、Deci（with Flaste）（1996）を引き、教師が学習者をどう動機づけるかではなく、学習者が自己を動機づけることのできる環境をどう作っていくのかが重要であると述べているが、各研修生が自己を動機づけながら学習を進めていくための支援を行うことが研修生のエンパワメントにも結びつくであろう。

4．本研究の意義

　以上、本研究では、研修生の日本語学習動機とその変化とともに、関連諸要因について述べ、必要かつ有効な支援のあり方について検討した。本研究の意義は以下の通りである。

　第1に、これまで実態の解明が進んでいなかった研修生の日本語学習動機と研修環境要因との関連を、研修という社会的文脈を考慮に入れ、研修生自身の認識から明らかにした点である。長い実務研修過程において研修生がいかなる日本語学習動機を持ち、それらをどのように変化させているのかを関連要因とともに示したことで、ある一時点のみを捉えて研修生の日本語学習意欲の有無を安易に述べることはできないことや、それらを支えるためにいかなる支援が必要かを提示できたものと考える。これは、研修生だけでなく、技能実習生や就労を行いながら日本語習得を目指す人々の支援を検討するときにも有効な手がかりとなるであろう。

　第2に、留学生以外を対象とした日本語学習動機を質的手法により解明した点である。研修生個人に焦点を当て、その研修生の日本語学習動機を文脈と時間の観点から捉えることで、研修生を取り巻く環境を含めた詳細な把握が可能となった。これは、今後も増加・多様化が進む日本語学習者の動機の解明にも有効な手法であると言えよう。また、本研究で明らかとなった異文化間および同文化間接触における他者認識という観点もまた、日本語学習動機の関連要因のさらなる解明に向け、新たな視点を提示できたものと考える。

　第3に、コミュニティ心理学的観点を取り入れた日本語習得支援を提示したことである。既述のように、異文化間支援においてコミュニティ心理学的観点を取り入れた研究はまだそれほど多くない。被

援助者と環境の双方に働きかけることで相互作用を促し、変革を起こそうとするコミュニティ心理学的アプローチの考え方は、日本国内における多様な背景を持った人々に対する日本語習得支援を検討する際にも一助となり得るであろう。

　本研究における調査を行った時点からは 10 年以上が経過しており、日本社会における在留外国人の背景も、研修生をめぐる状況も、受け入れ制度自体も大きく変わったが、本研究における知見は、研修生のみならず、日本社会において生活し日本語習得を必要とする人々の支援を検討する際にも有効な示唆を与え得るものと考えられる。

5．今後の課題

　以上、本研究では実務研修過程における中国人研修生を対象とした日本語学習動機とその関連要因に焦点を当て、研究を行った。今後の課題として以下のことが挙げられる。

　第 1 に、日本社会における多様な日本語学習者の学習動機の変化とその要因を解明することである。本研究の対象者である中国人研修生は、高度 IT 技術の習得を目的とした人たちであり、長期的な日本語学習機会にも恵まれていた。しかし、技能等の習得を目的として日本社会に滞在し生活している人々がすべて同様の環境にあるわけではない。研修生と技能実習生では日本社会において認められた滞在条件が異なっている。また、本研究の調査当時、日本国内の研修生は中国出身者が圧倒的多数を占めていたが、現在は技能実習生の増加が顕著であり、その出身国はベトナムが最多となっており、フィリピンなどのアジア諸国出身者も増加するなど、異なる様相を

示している。中長期的に日本に滞在し技能の習得とともに日本語習得を求めている人々の日本語学習動機の解明を通して、必要な支援の検討に結びつけていくことが必要である。研修生・技能実習生に限らず、日本語習得を必要とし学習と向き合おうとしているそれぞれの人々に焦点を当てた多様な日本語学習動機の解明が求められる。

　第2に、日本語学習動機の解明のために、対象者の周囲の人々に対する調査も併せて行うことである。本研究における調査では、研修生が受け入れられている研修の場における日本人上司や同僚への調査を実施するには至らず、生活指導担当者を介して研修状況を把握していたが、対象者とともにその周囲の人々への調査を行うことで、研修生の日本語学習動機や関連要因をより多角的に捉えることが可能となるものと考えられる。

　第3に、日本語学習動機や関連要因の解明による知見を日本語教育実践に結びつけていくことである。日本社会における一生活者として日本語習得を必要とする人々は増加・多様化しているが、定住外国人に対する日本語教育を必要な支援の1つとして位置づけるという考え方に関しては、必ずしも共通認識がなされているとは言えない。ある背景を持った日本語学習者の日本語学習動機を解明することは、同様の背景を持つ人々に対する支援としての日本語教育を検討する際に有効な手がかりとなるはずであり、日本で生活し日本語習得を望む人々が自立した一生活者として日本社会において参画できるよう、今後も検討を重ねていきたい。

参考文献

曙光 (2004)「不況下の外国人研修生流入を規定する諸要因」『産研論集』
　31, 67-78.

新井邦二郎 (編) (1995)『教室の動機づけの理論と実践』金子書房.

蘭千寿・外山みどり (1991)『帰属過程の心理学』ナカニシヤ出版.

Au, S. Y. (1988) A critical appraisal of Gardner's socio-psychological
　theory of second Language L2 learning. *Language Learning*, 38, 1, 75-
　100.

Buasaengham Arnon・義永美央子 (2015)「ライフストーリーから見ら
　れた非漢字圏日本語学習者の漢字学習への動機づけ：L2 Motivational
　Self System の観点から」『多文化社会と留学生交流：大阪大学国際教
　育交流センター研究論集』19, 13-34.

文化庁 (2019)「日本語教育の推進に関する法律の施行について」,
　http://www.bunka.go.jp/seisaku/bunka_gyosei/shokan_horei/other/
　suishin_houritsu/1418260.html, 2019年8月15日閲覧.

文野峯子 (1999)「学習過程における動機づけの縦断研究—インタビュー
　資料の複眼的解釈から明らかになるもの—」『人間と環境—人間環境学
　研究所研究報告』3, 35-45.

Chihara, T. and Oller, J. W. (Eds.) (1978) Attitudes and attained
　proficiency in EFL: A sociolinguistic study of adult Japanese
　speakers. *Language Learning*, 28, 1, 55-58.

Clément, R. and Kruidenier, B. (1983) Orientations in second language
　acquisition: The effects of ethnicity, milieu, and target language on
　their emergence. *Language Learning*, 33, 273-291.

Crookes, G. and Schmidt, R. W. (1991) Motivation: Reopening the
　research agenda. *Language Learning*, 41, 469-512.

Deci, E. L. (with Flaste, R.) (1996) *Why we do what we do: Understanding
　self-motivation*. New York: Penguin. (桜井茂男 (訳) (1999)『人を伸ば
　す力　内発と自律のすすめ』新曜社.)

Deci, L. and Ryan, R. M. (1985) *Intrinsic Motivation and self-determination
　in human behaviour*. New York: Plenum.

Dörnyei, Z. (1994) Motivation and motivating in the foreign language classroom. *Modern Language Journal*, 78, 273-284.

Dörnyei, Z.（1998）Motivation in second and foreign language learning. *Language Teaching*, 31, 117-135.

Dörnyei, Z.（2001a）*Teaching and researching motivation*. Harlow: Longman.

Dörnyei, Z.（2001b）*Motivational strategies in the language classroom*. Cambridge: Cambridge University Press.（ゾルタン・ドルニェイ著、米山朝二・関昭典（訳）(2005)『動機づけを高める英語指導ストラテジー35』大修館書店。）

Dörnyei, Z.（2005）*The psychology of the language learner: Individual differences in second language acquisition*. London: Lawrence Erlbaum Associates.

Dörnyei, Z.（2009）The L2 Motivational self system. In Dörnyei, Z., & Ushioda, E（Eds.）, *Motivation, language identity and the l2 self*, Bristol: Multilingual Matters, 9-42.

Dörnyei, Z., and Csizér, K.（1998）Ten commandments for motivating language learners: Result of an empirical study. *Language Teaching Research*, 2, 203-229.

Dörnyei, Z., and Ottó, I.（1998）Motivation in action: A process model of L2 motivation. *Working Papers in Applied Linguistics*（Thames Valley University, London）, 4, 43-69.

Dörnyei, Z. and Ushioda, E.（2011）*Teaching and researching motivation*（2nd edition）, Harlow: Longman.

Duffy, K. G. & Wong, F. Y.（1996）*Community psychology*. Boston: Allyn & Bacon.（植村勝彦（監訳）(1999)『コミュニティ心理学―社会問題への理解と援助―』ナカニシヤ出版。）

Ehrman, M. E.（1998）Motivation and strategies questionnaire MSQ. In J. M. Reid（Eds.）, *Understanding learning styles in the second language classroom*, Upper Saddle River, NJ: Prentice Hall Regents, 169-174.

Ellis, R.（1994）*The study of second language acquisition*. Oxford: Oxford University Press.

Ely, M.C.（1986）Language learning motivation: A descriptive and causal analysis. *The Modern Language Journal*, 70, 28-35.

藤田裕子（2015）「学習者の内発的動機づけを高める授業実践の効果（Ⅱ.基

盤教育院における実践）」『Obirin today―教育の現場から―』15, 73-88.

外国人研修生問題ネットワーク（編）（2006）『外国人研修生　時給300円の労働者　壊れる人権と労働基準』明石書店.

Gardner, R. C.（1985）*Social psychology and second language learning: The role of attitudes and motivation*. London: Edward Arnold.

Gardner, R. C.（2001）Integrative motivation and second language acquisition. In Dörnyei, Z., & Schmidt, R. W.（Eds.）, *Motivation and second language acquisition*, Honolulu: University of Hawaii Press, 1-19.

Gardner. R. C., and Lambert, W. E.（1972）*Attitudes and motivation in second language learning*. Rowley, MA: Newbury House.

Gardner, R. C., and Tremblay, P. F.（1994a）On motivation, research agendas and theoretical frameworks. *Modern Language Journal*, 78, 359-368.

Gardner, R. C., and Tremblay, P. F.（1994b）On motivation: Measurement and conceptual considerations. *Modern Language Journal*, 78, 524-527.

グエン・ティ・ホアン・サー（2013）「日本の外国人研修制度・技能実習制度とベトナム人研修生」『佛教大学大学院紀要　社会学研究科篇』41, 19-34.

春原憲一郎（1997）「技術研修生と日本語教育の連携」『日本語学』166, 169-175.

春原憲一郎（2008）「技術研修生のための日本語研修における評価の観点―技術研修生が突きつける評価の課題群―」『日本語教育』136, 4-16.

林さと子（2005）「『学習環境』からみた日本語教育（特集　21世紀の日本語教育）」『言語』34, 6, 50-57.

Heider, F.（1958）*The psychology of interpersonal relations*. New York: Wiley.

Higgins, E. T.（1987）Self discrepancy: A theory relating self and affect. *Psychological Review*, 94, 319-340.

法務省（2017）「技能実習法による新しい技能実習制度について」, http://www.moj.go.jp/nyuukokukanri/kouhou/nyuukokukanri05_00014.html, 2019年8月14日閲覧.

法務省入国管理局（2007）「研修生及び技能実習生の入国・在留管理に関する指針」, http://www.moj.go.jp/content/000008061.pdf, 2019年10月31日閲覧.

法務省入国管理局（2010）「新しい研修・技能実習制度について」http://www.moj.go.jp/ONLINE/IMMIGRATION/ZAIRYU_NINTEI/zairyu_nintei10_0_01.pdf, 2019年8月14日閲覧.

法務省入国管理局（2019a）「平成30年末現在における在留外国人数について」, http://www.moj.go.jp/nyuukokukanri/kouhou/nyuukokukanri04_00081.html, 2019年8月14日閲覧.

法務省入国管理局（2019b）「在留資格一覧表（平成30年8月現在）」, http://www.immi-moj.go.jp/tetuduki/kanri/qaq5.html, 2019年8月14日閲覧.

法務省入国管理局（2019c）「新たな外国人材の受入れについて」, https://www.meti.go.jp/press/2018/03/20190326006/20190326006-3.pdf, 2019年8月14日閲覧.

馮 偉強（2013）「中国人研修生・技能実習生の日本語習得とニッポン」『愛知大学国際問題研究所紀要』142, pp.153-181.

飯塚往子（2005）「日本語学校に通う留学生の動機づけの要因―半年間のネットワークの変化から」『小出記念日本語教育研究会論文集』13, 39-56.

飯塚往子（2006）「日本語学校に通う学生の学習動機と生活での問題点の関係―１年間の縦断調査の結果より」『留学生教育』11, 179-187.

Inbar, O., Donitsa-Schmidt, S., and Shohamy, E.（2001）Students' motivation as a function of language learning: The teaching of Arabic in Israel. In Dörnyei, Z., & Schmidt, R. W.（Eds.）, *Motivation and second language acquisition*. Honolulu: University of Hawaii Press, 297-311.

加賀美常美代（1997）「日本語教育場面における異文化間コンフリクトの原因帰属―日本語教師とアジア系留学生との認知差―」『異文化間教育』11, 91-109.

加賀美常美代（1998）「コミュニティ心理学的発想に基づいた留学生相談の実践的展開」井上孝代（編）『現代のエスプリ』377, 96-108.

加賀美常美代（1999）「大学コミュニティにおける日本人学生と外国人留

学生の異文化間接触促進のための教育的介入」『コミュニティ心理学研究』22, 131-142.

加賀美常美代（2001）「留学生と日本人のための異文化間交流の教育的介入の意義—大学内及び地域社会へ向けた異文化理解講座の企画と実践—」『三重大学留学生センター紀要』3, 41-53.

加賀美常美代（2003）「多文化社会における教師と外国人学生の葛藤事例の内容分析—コミュニティ心理学的援助へ向けて—」『コミュニティ心理学研究』7, 1-14.

加賀美常美代（2006a）「留学生支援」植村勝彦・高畠克子・箕口雅博・原裕視・久田満（編）『よくわかるコミュニティ心理学』ミネルヴァ書房, 188-191.

加賀美常美代（2007b）「異文化間問題 2 外国人留学生の異文化適応」日本コミュニティ心理学会（編）『コミュニティ心理学ハンドブック』東京大学出版会, 762-768.

加賀美常美代（2007c）「異文化間問題 3 外国人留学生の支援体制と連携」日本コミュニティ心理学会（編）『コミュニティ心理学ハンドブック』東京大学出版会, 769-774.

加賀美常美代（2007d）「留学生のメンタルヘルスと包括的支援体制」『留学交流』19, 10, 2-5.

加賀美常美代（2019）『異文化間葛藤と教育価値観　日本人教師と留学生の葛藤解決に向けた社会心理学的研究』明石書店（加賀美常美代（2007a）『多文化社会の葛藤解決と教育価値観』ナカニシヤ出版　改訂版）

加賀美常美代・箕口雅博（1997）「留学生相談におけるコミュニティ心理学的アプローチの試み—チューター制度導入後の留学生寮相談室活動の質的変化—」『コミュニティ心理学研究』11, 15-30.

加賀美常美代・大渕憲一（2004）「日本語教育場面における日本人教師と中国及び韓国人学生の葛藤の原因帰属と解決方略」『心理学研究』746, 531-539.

加賀美常美代・岡野禎治（2002）「来日早期にうつ病に至った留学生の症例報告—医療と教育の連携による奏功例—」『こころと文化』1（1），63-72.

鹿毛雅治（2015）『学習意欲の理論』金子書房.

海外産業人材育成協会（2019）「技術研修とは」, ttps://www.aots.jp/

hrd/technology-transfer/receiving/, 2019年8月15日閲覧.

郭俊海・大北葉子 (2001)「シンガポール華人大学生の日本語学習の動機づけについて」『日本語教育』110, 130-139.

郭俊海・全京姫 (2006)「中国人大学生の日本語学習の動機づけについて」『新潟大学国際センター紀要』2, 118-128.

葛文綺 (2007)『中国人留学生・研修生の異文化適応』渓水社.

川喜田二郎 (1967)『発想法　創造性開発のために』中公新書.

Keller, J. M. (1983) Motivational design of instruction. In Reigelruth, C. M. (Ed.), *Instructional design theories and models: An overview of their current status.* Lawrence Erlbaum, Hillsdale, NJ: Lawrence Erlbaum, 383-434.

来嶋洋美・鈴木庸子 (2003)「独習による日本語学習の支援―その方策とARCS 動機づけモデルによる評価―」『日本教育工学雑誌』273, 347-356.

小林明子 (2014)「中国人留学生の日本語学習に対する動機づけの形成過程―日本における将来像との関連から―」『異文化間教育』40, 97-111.

国際研修協力機構 (2006a)「外国人研修生日本語教育実態調査結果報告　調査対象―第二次受け入れ機関―」, http://www.jitco.or.jp/nihongo/data/ enjo_jittai_dainiji.pdf, 2019年8月15日閲覧.

国際研修協力機構 (2006b)「外国人研修生日本語教育実態調査結果報告　調査対象―第一次受け入れ機関―」, http://www.jitco.or.jp/backnumber/060511nihongotyousa/060511nihongotyousa.pdf, 2019年8月15日閲覧.

国際研修協力機構 (2010)「外国人研修生・技能実習生の日本語調査 (2009 年 度)」, https://www.jitco.or.jp/about/data/chousa_houkoku/prompt_report.pdf, 2019年8月15日閲覧.

国際研修協力機構 (2014)「帰国技能実習生フォローアップ調査報告」, https://www.jitco.or.jp/about/data/chousa_houkoku/followup_report_2013.pdf, 2019年8月15日閲覧.

国際研修協力機構 (2016)「技能実習生に対する日本語教育の支援の概要」, http://www.nkg.or.jp/wp/wp-content/uploads/2017/02/161215-3.pdf, 2019年8月15日閲覧.

国際研修協力機構 (2019)「外国人技能実習制度とは」, https://www.

jitco.or.jp/ja/regulation/, 2019年8月14日閲覧.

小西正恵（2006）「3. 動機・態度」津田塾大学言語文化研究所 言語学習の個別性研究グループ（編）『ことばを学ぶ——一人ひとりを理解する第二言語学習と個別性—』春風社, 92-108 .

黄美蘭（2010）「日本語学校に通う中国人学生の被差別感と原因帰属との関連—アルバイト先の事例を中心に—」『人間文化創成科学論叢』13, 59-67.

黄美蘭（2013）「アルバイト先における被差別感の原因帰属と間接的接触との関連 —中国人日本語学校生の場合—」『異文化間教育』37, 101-115.

厚生労働省（2018）「外国人技能実習制度の現状、課題等について」, https://www.meti.go.jp/policy/mono_info_service/mono/fiber/ginoujisshukyougikai/180323/3_mhlw-genjyoukadai.pdf, 2019年8月15日閲覧.

倉八順子（1993）「プロジェクトワークが学習者の学習意欲及び学習者の意識・態度に及ぼす効果1——般化のための探索的調査—」『日本語教育』80, 49-61.

倉八順子（1994）「プロジェクトワークが学習成果に及ぼす効果と学習者の適性との関連」『日本語教育』83, 136-47.

倉八順子（1996）「スピーチ指導におけるフィードバックが情意面に及ぼす効果」『日本語教育』89, 39-51.

李受香（2003）「第二言語及び外国語としての日本語学習者における動機づけの比較—韓国人日本語学習者を対象として—」『世界の日本語教育』13, 75-92.

Lukmani, Y. M.（1972）Motivation to learn and language proficiency. *Language Learning*, 22, 261-273.

牧野成一・鎌田修・山内博之・齋藤眞理子・荻原稚佳子・伊藤とく美・池崎美代子・中島和子（2001）『ACTFL-OPI入門—日本語学習者の話す力を客観的に測る—』アルク.

Markus, H. R., and Nurius, P.（1986）Possible selves. *American Psychologist*, 41, 954-969.

箕口雅博（1997）「臨床・コミュニティ心理学の実践的展開—中国帰国者に対するコミュニティ・アプローチを中心として（特集 社会に出て行

く臨床心理士)」『心理臨床』103, 167-173.

箕口雅博（2001a）「異文化に生きる人びとへのコミュニティ心理学的アプローチ―中国帰国者、外国人留学生の場合を中心に―」山本和郎（編著）『臨床心理学的地域援助の展開』東京大学出版会, 183-206.

箕口雅博（2001b）「中国帰国者の適応過程に関するプロスペクティブ・スタディ―総合適応指標から見た三年間の適応過程と関連要因の検討（異文化ストレスとの遭遇）（在日外国人の異文化ストレス）」『現代のエスプリ』412, 106-118.

箕口雅博（2007）「異文化間問題 1 中国帰国者の日本への適応過程と支援のあり方」日本コミュニティ心理学会（編）『コミュニティ心理学ハンドブック』東京大学出版会, 755-761.

三矢真由美（2000）「能動的な教室活動は学習動機を高めるか」『日本語教育』103, 1-10.

守谷智美（2002）「第二言語教育における動機づけの研究動向―第二言語としての日本語の動機づけ研究を焦点として―」『言語文化と日本語教育 2002年5月特集号』, 315-329.

守谷智美（2004）「日本語学習の動機づけに関する探索的研究―学習成果の原因帰属を手がかりとして―」『日本語教育』120, 73-82.

守谷智美（2005）「研修生の日本語学習動機とその生起要因―ある中国人研修生グループの事例から―」『日本語教育』125, 106-115.

守谷智美（2008）「中国人研修生の日本語学習意欲と研修環境の認識との関連 ―実務型研修における日本語教育への示唆―」『コミュニティ心理学研究』11（2）, 177-193.

守谷智美（2013）「第11章 企業と研修生―共生に向けた日本語支援の視点から―」加賀美常美代編著『多文化共生論―多様性理解のためのヒントとレッスン―』明石書店, 246-264.

長沼君主（2003）「言語学習における社会的文脈と動機づけ」『心理学評論』461, 108-120.

中井好男（2009）「中国人就学生の学習動機の変化のプロセスとそれに関わる要因」『阪大日本語研究』21, 151-181.

中井好男（2011）「現場の日本語教師の葛藤と原因帰属―『やる気のない』中国人就学生への教師の対応―」『異文化間教育』34, 106-119.

中田賀之・木村裕三・八島智子（2003）「英語学習における動機付け―多

様なアプローチに向けて―」『JACET 関西紀要』7, 1-20.

成田高宏（1998）「日本語学習動機と成績との関係―タイの大学生の場合
　―」『世界の日本語教育』8, 1-11.

日本コミュニティ心理学会（編）『コミュニティ心理学ハンドブック』東
　京大学出版会.

西尾珪子（2003）「日本語教育・日本語学習にいま起きている変化―その
　背景にあるもの―」『AJALT』26, 10-14.

丹羽郁夫・箕口雅博（1999）「中国帰国者におけるソーシャル・サポート
　利用の精神健康への影響」『コミュニティ心理学研究』22, 119-130.

縫部義憲・狩野不二夫・伊藤克浩（1995）「大学生の日本語学習動機に関
　する国際調査―ニュージーランドの場合―」『日本語教育』86, 162-172.

落合美佐子（2010）「外国人研修生・技能実習生の生活実態と意識―語り
　の中から見えてくるもの―」『群馬大学国際教育・研究センター論集』
　9, 51-68.

岡村佳代（2011）「ニューカマー中学生の困難対処におけるソーシャルサ
　ポートの活用―日系ブラジル人生徒のソーシャルサポートのリソース
　と機能を中心に―」『人間文化創成科学論叢』14, 37-45.

大西由美（2010）「ウクライナにおける大学生の日本語学習動機」『日本
　語教育』147, 94-107.

OTIT外国人技能実習機構（2019）「技能実習制度の現状」, https://
　www.mlit.go.jp/common/001273509.pdf, 2019年10月31日閲覧.

Oxford, R L.（1990）*Language learning strategies: What every teacher should
　know*, Rowley, MA: Newbury House.（宍戸通庸・伴紀子（訳）（1994）『言
　語学習ストラテジー　外国語教師が知っておかなければならないこと』
　凡人社.）

Oxford, R L.（1994）Where are we with language learning motivation?
　Modern Language Journal, 78, 512-514.

Oxford, R. L. and Shearin, J.（1994）Language learning motivation:
　Expanding the theoretical framework. *Modern Language Journal* ,78,
　12-28.

Oxford, R. L. and Shearin, J.（1996）Language learning motivation in a
　new key. In R. L. Oxford（Ed.）, *Language learning motivation: Pathways
　to the new century*.　Honolulu, HI: University of Hawaii Press, 121-144.

羅曉勤（2005）「ライフストーリー・インタビューによる外国語学習動機に関する一考察―台湾における日本語学習者を対象に―」『外国語教育研究』8, 38-54.

Reid, J.M.（Ed.）（1998）*Understanding learning styles in the second language classroom,* Upper Saddle River, NJ: Prentice Hall Regents.

労働政策研究・研修機構（2016）『企業における外国人技能実習生の受入れに関する調査』, https://www.jil.go.jp/institute/research/2016/157.html, 2019年8月13日閲覧.

桜井茂男（1997）『学習意欲の心理学―自ら学ぶ子どもを育てる―』誠信書房.

佐野哲（2002）「外国人研修・技能実習制度の構造と機能」駒井洋（編著）『国際化の中の移民政策の課題』明石書店，91-129.

Schmidt, R. W., & Watanabe, Y.（2001）Motivation, strategy use, and pedagogical preferences in foreign language learning. In Dörnyei, Z., & Schmidt, R. W.（Eds.）, *Motivation and second language acquisition*, Honolulu: University of Hawaii Press, 309-356.

Strong, M.（1984）Integrative motivation: cause or result of successful second language acquisition? *Language Learning*, 34, 1-14.

高岸雅子（2000）「留学経験が日本語学習動機におよぼす影響―米国人短期留学生の場合―」『日本語教育』105, 101-110.

高松里・白土悟（1997）「コミュニティ心理学から見た留学生指導―九州大学留学生センターの事例から―」『九州大学留学生センター紀要』8, 75-88.

田中詩子（2018）「日本に居住する日系ブラジル人青年三世・四世の体験とエスニックアイデンティティの自己認識との関連」『コミュニティ心理学研究』21（2），153-168.

竹口智之・ブシマキナ アナスタシア・ノヴィコワ オリガ（2015）「ロシア極東地域における日本語学習動機づけ」『ポリグロシア』27, 85-97.

佟岩・浅野慎一（2001a）「縫製業の中国人技能実習生・研修生における日本語習得と社会諸関係に関する実証研究（1）」『神戸大学発達科学部研究紀要』8（2），183-210.

佟岩・浅野慎一（2001b）「縫製業の中国人技能実習生・研修生における日本語習得と社会諸関係に関する実証研究（2）」『神戸大学発達科学部

研究紀要』9（1），167-196.

上淵寿・大芦治（2019）『新・動機づけ研究の最前線』北大路書房.（上淵寿編（2004）『動機づけ研究の最前線』改訂版.）

植村勝彦・高畠克子・箕口雅博・原裕視・久田満（編）（2006）『よくわかるコミュニティ心理学』ミネルヴァ書房.

Ushioda, E.（1996）Developing a dynamic concept of motivation. In Hickey, T., & Williams, J.（Eds.），*Language, education and society in changing world.* Clevedon: Multilingual Matters, 239-245.

Ushioda, E.（1997）The role of motivational thinking in autonomous language learning. In Little, D. & Voss, B.（Eds.），*Language centres: Planning for the new millennium.* Plymouth, UK: Cercles, 38-50.

Ushioda, E.（1998）Effective motivational thinking: A cognitive theoretical approach to the study of language learning motivation. In Soler, E. A., & Espurz, V. C.（Eds.），*Current issues in English language methodology.* Castelló de la Plana, Spain: Publications de la Universitat Jaume I, 77-89.

Ushioda, E.（2001）Language learning at university: Exploring the role of motivational thinking. In Dörnyei, Z., & Schmidt, R. W.（Eds.）. *Motivation and second language acquisition.* Honolulu: University of Hawaii Press, 93-125.

Ushioda, E.（2009）A person-in-context relational view of emergent motivation, self and identity. In Dörnyei, Z., & Ushioda, E（Eds.），*Motivation, language identity and the l2 self,* Bristol: Multilingual Matters, 215-228.

脇坂真彩子（2013）「Eタンデムにおいてドイツ人日本語学習者の動機を変化させた要因」『阪大日本語研究』25,105-135.

Weiner, B.（1979）A theory of motivation for some classroom experiences. *Journal of Educational Psychology,* 71, 3-25.

Weiner, B.（1992）*Human motivation: Metaphors, theories, and research.* Newbury Park, CA: SAGE Publications.

Williams, M., and Burden, R.（1997）*Psychology for language teachers.* Cambridge: Cambridge University Press.

Williams, M., and Burden, R.（1999）Students' developing conceptions of themselves as language learners, *Modern Language Journal*, 83, 193-201.

Williams, M., Burden, R., and Al-Baharna, S.（2001）Making sense of success and failure: The role of the individual in motivation theory. In Dörnyei, Z., & Schmidt, R. W.（Eds.）, *Motivation and second language acquisition*, Honolulu: University of Hawaii Press, 173-186.

楊孟勲（2011）「台湾における日本語学習者の動機づけと継続ストラテジー ―日本語主専攻・非専攻学習者の比較―」『日本語教育』150, 116-130.

八島智子（2019）『外国語学習とコミュニケーションの心理』関西大学出版部.（八島智子（2004）『外国語コミュニケーションの情意と動機』改訂版.）

山本和郎（1986）『コミュニティ心理学―地域臨床の理論と実践―』東京大学出版会.

あとがき

　本書は、博士課程在学中、長期にわたって関わることとなった中国人研修生を対象とした日本語教育支援の中で、日本語学習動機に焦点を当てた研究としてまとめた博士学位論文に大幅な加筆・修正を行ったものです。それまでにも国内外の日本語教育経験の中で様々な学習者との出会いがあり、彼らとの関わりを通して学習者が持つ日本語学習動機の強さや多様性、彼ら自身のたくましさ、しなやかさに強い関心を持っていましたが、この研究課題と出会うまではそれをどのように研究や実践に結びつけていけばよいのかまったくの手探りの状態であり、思いばかりが先行していました。

　研究課題として日本語学習動機と向き合う決心をしてからも、日本語教育領域における学習動機に関する先行研究の少なさに、戸惑うことも多かったことを今でも鮮明に覚えています。現在言語学習動機の研究は豊かなものとなり、日本語学習動機の研究もこれまでに多くの蓄積がなされてきました。当時はほとんど見られなかった質的手法による個人に焦点を当てた研究も徐々にではありますが増加しています。こうしてここ十数年を振り返り、日本語学習動機というテーマの持つ奥深さや、それを研究テーマとすることの意義を改めて感じています。それは、日本語学習者の動機を理解することが、学習者1人1人が背負ったものと向き合うことに他ならないからです。本書は10年以上前に実施した調査に基づくものではありますが、日本社会において外国人生活者が増加・多様化する中で日本語習得を必要とする人々と彼らを取り巻く人々がどのように関わり、そこ

にどのような支援が求められているのかを検討する際、少しでも本書が貢献できればとの思いが根底にあります。

　本書の執筆にあたり、多くの方々の多大なるお力添えをいただきました。お茶の水女子大学大学院在学中の指導教官であり、現・目白大学教授の加賀美常美代先生には、多大なるご指導を賜りました。博士論文提出からかなりの時間が経過し、課題としてやり残したと感じることも多く、本書をまとめようと決心するまでにかなりの時間を要してしまいましたが、これまで博士課程在学中からどんな時も変わらずご指導くださったことに、心より感謝の気持ちをお伝えしたいと思います。どのようなライフステージにあってもそこに研究を組み込んでいけばよいのだという先生の強く、あたたかいお言葉があったからこそ、今日まで変わらずこの研究テーマと向き合い続けてくることができたのだと思います。

　また、本研究を通して関わることとなった研修生や関係者の方々にも、心より御礼を申し上げます。振り返れば、あの時、もっとあれもできたのに、これもすればよかったという思いばかりが残っていますが、日本語教育を通して研修生の支援に関わることができたことは、私がこれからも日本語教育や異文化間支援に携わっていく上で何にも代えがたい礎の1つとなっています。

　出版にあたり、貴重な機会をくださいました明石書店社長大江道雅氏、丁寧なコメントをくださいました編集の清水聰氏にも心より御礼申し上げます。

　本書で書ききれなかったことも多々ありますが、本書を通して、日本社会において日本語学習と向き合いながら日常生活を送る様々な人がいることや、それを支えようとしている多くの人たちがいることを、広く知っていただく機会になればと思います。

　最後に、いつも変わらず支え、励ましてくれる家族に心より感謝
の気持ちを伝えたいと思います。

2019年11月17日

守谷　智美

索引

著者紹介

守谷智美（もりや　ともみ）

お茶の水女子大学大学院人間文化創成科学研究科博士後期課程単位取得退学。博士（人文科学）。お茶の水女子大学アソシエートフェロー、早稲田大学等准教授等を経て、現在、岡山大学全学教育・学生支援機構准教授。専門は異文化間教育、日本語教育。

［主な著書］『多文化共生論』（共著、明石書店、2013）、『アジア諸国の子ども・若者は日本をどのようにみているか』（共著、明石書店、2013）、『多文化社会の偏見・差別』（共著、明石書店、2012）。

外国人研修生の日本語学習動機と研修環境

　　文化接触を生かした日本語習得支援に向けて

2020 年 4 月 20 日　　初版第 1 刷発行

著　者　　守　谷　智　美
発行者　　大　江　道　雅
発行所　　株式会社　明石書店
　　　　　〒 101-0021　東京都千代田区外神田 6-9-5
　　　　　電　話　03（5818）1171
　　　　　ＦＡＸ　03（5818）1174
　　　　　振　替　00100-7-24505
　　　　　http://www.akashi.co.jp

装　　　丁　　明石書店デザイン室
印刷・製本　　モリモト印刷株式会社

アジア諸国の子ども・若者は日本をどのようにみているか

韓国・台湾における 歴史・文化・生活にみる日本イメージ

加賀美常美代 編著

◆四六判／並製／216頁 ◎2400円

韓国と台湾の小学生から大学生までを対象に日本に対するイメージを調査し、食・大衆文化・歴史認識等のカテゴリー及び肯定・否定かに分類。イメージの形成過程を歴史教育等から分析・考察し、反日等の葛藤を乗り越えるための異文化間教育プログラムを提言する。

多文化共生論

多様性理解のためのヒントとレッスン

加賀美常美代 編著

◆四六判／並製／352頁 ◎2400円

多文化化が進む日本において、ホスト社会の人々と多様性のある人々の双方が 居心地良く共に生きるために必要なものは何か。問題解決へ向かう新たな協働活動を生み出すための視点と思考を、マイノリティ支援の豊富な事例を踏まえて概説する。

〈価格は本体価格です〉

異文化間教育学大系
【全4巻】

異文化間教育学会【企画】

◎A5判／上製／◎各巻3,000円

第1巻 ## 異文化間に学ぶ「ひと」の教育

小島 勝、白土 悟、齋藤ひろみ【編】

海外子女、帰国児童生徒、留学生、外国人児童生徒など異文化間教育学が
対象としてきた「人」とその教育に焦点をあてる。

第2巻 ## 文化接触における場としてのダイナミズム

加賀美常美代、徳井厚子、松尾知明【編】

家族、小・中・高等学校、大学、外国人学校、地域など異文化間教育が展開す
る場に焦点をあて、これまで蓄積してきた成果をレビュー。

第3巻 ## 異文化間教育のとらえ直し

山本雅代、馬渕 仁、塘利枝子【編】

アイデンティティ、差別・偏見、多文化共生、バイリンガルなど異文化間教育学
会が主要な研究主題にしてきたもの取り上げる。

第4巻 ## 異文化間教育のフロンティア

佐藤郡衛、横田雅弘、坪井 健【編】

異文化間教育学の大系化や学的な自立の試み、新しい方法論や研究の試
みなどを取り上げ、新たな異文化間教育学の手がかりを探る。

〈価格は本体価格です〉

結婚移住女性のメンタルヘルス
異文化ストレスと適応過程の臨床心理学的研究
一條玲香著 ◎3600円

移住者と難民のメンタルヘルス
移動する人の
文化精神医学
ディネッシュ・ブグラ/スシャム・グプタ編
野田文隆監訳 李創鎬・大塚公一郎・鵜川晃訳 ◎5000円

日本人女性の国際結婚と海外移住
多文化社会オーストラリアの変容する日系コミュニティ
濱野健著 ◎4600円

芝園団地に住んでいます
住民の半分が外国人になったとき何が起きるか
大島隆著 ◎1600円

新 移民時代
外国人労働者と共に生きる社会へ
西日本新聞社編 ◎1600円

外国人労働者の循環労働と文化の仲介
「ブリッジ人材」と多文化共生
村田晶子著 ◎3000円

レイシズムと外国人嫌悪
移民・ディアスポラ研究3
駒井洋監修 小林真生編著 ◎2800円

「グローバル人材」をめぐる政策と現実
移民・ディアスポラ研究4
駒井洋監修 五十嵐泰正・明石純一編著 ◎2800円

マルチ・エスニック・ジャパニーズ
○○系日本人
の変革力
移民・ディアスポラ研究5
駒井洋監修 佐々木てる編著 ◎2800円

産業構造の変化と外国人労働者
労働現場の実態と
歴史的視点
移民・ディアスポラ研究7
駒井洋監修 津崎克彦編著 ◎2800円

人口問題と移民
日本の人口階層構造はどう変わるのか
移民・ディアスポラ研究8
駒井洋監修 是川夕編著 ◎2800円

外国人の人権へのアプローチ
近藤敦編著 ◎2400円

移民政策のフロンティア
日本の歩みと課題を問い直す
移民政策学会設立10周年記念論集刊行委員会編 ◎2500円

自治体がひらく日本の移民政策
人口減少時代の多文化共生への挑戦
毛受敏浩編著 ◎2400円

外国人と共生する地域づくり
大阪・豊中の実践から見えてきたもの
とよなか国際交流協会編集 牧里毎治監修 ◎2400円

多文化社会の社会教育
公民館・図書館・博物館がつくる「安心の居場所」
渡辺幸倫編著 ◎2500円

〈価格は本体価格です〉